La Saga de Hrólfr sans Terre

griffe famagouste

Griffe/Essais

1. Pekka Hämäläinen, *L'Empire comanche*
2. Alban Bensa, *La Fin de l'exotisme*
6. Johannes Fabian, *Le Temps et les Autres*
7. Éric Chauvier, *Anthropologie de l'ordinaire*
33. Pierre Gouletquer, *Préhistoire du futur*

Griffe/Famagouste

3. *La Saga de Ragnarr loðbrók*
4. Samuel E. Kenoi & Morris Opler, *La Chute de Geronimo*
5. Pat F. Garrett, *La Véritable Histoire de Billy the Kid*
8. Jean de Plancarpin, *Dans l'Empire mongol*
9. Georges de Hongrie, *Des Turcs*
10. Aaron Smith, *Les Atrocités des pirates*
11. *La Légende des soleils*
15. Bianca Babb, *Une enfance comanche*
16. Constantin Mihailović, *Mémoires d'un janissaire*
29. P. Querini, C. Fioravante, N. de Michiel, *Naufragés*
30. Bellin de la Liborlière, *La Nuit anglaise*

Griffe/Fictions

13. Mika Biermann, *Un Blanc*
14. Alberto Ongaro, *La Taverne du doge Loredan*
20. Alberto Ongaro, *La Partita*
23. Claudio Morandini, *Le chien, la neige, un pied*
34. Yokomitsu Riichi, *Soleil*

La Saga
de Hrólfr sans Terre

Traduite de l'islandais ancien
et présentée
par Régis Boyer

ANACHARSIS

Ouvrage traduit avec le concours du ministère de la Culture d'Islande

Merci à Éric Guilleman pour avoir ouvert les routes des pays du Nord à Anacharsis

Titre original : *Göngu-Hrolfs saga*

ISBN : 979-10-279-0466-2

Diffusion-distribution : Harmonia Mundi Livre

© Anacharsis Éditions, 2004, pour la présente traduction
© Anacharsis Éditions, 2023, pour l'édition de poche
43, rue de Bayard
31000 Toulouse
www.editions-anacharsis.com

Préface

De la *Göngu-Hrolfs saga*

Par Régis Boyer

On a beaucoup écrit sur le compte du « miracle islandais ». Qu'une poignée d'hommes et de femmes particulièrement énergiques et résolus se soient embarqués, à partir de 874 et jusqu'en 930, sur cette frêle coque de noix que fut le *knörr* (non le *drakkar*) pour traverser les mers du Nord et atterrir sur une île tout récemment découverte ; qu'ils s'y soient installés à demeure, se soient tout de suite donné des lois dont le principe était de maintenir un subtil jeu d'équilibre entre familles puissantes ; qu'ils aient mis au point un type de société sans aucun équivalent ailleurs, à l'époque, c'est-à-dire une société sans roi, sans autorité suprême, sans pouvoir coercitif, armée, milice ou police ; que, passé la christianisation qui fut sans histoire et revint à une sorte d'aggiornamento, ils aient dès lors créé une église, elle aussi hautement originale, où temporel et spirituel marchaient de pair ; qu'ils aient été capables de découvrir le Groenland où ils se sont fixés, puis, très vraisemblablement, l'Amérique du Nord... il y a déjà là de quoi confondre l'entendement, surtout si l'on sait qu'ils ne furent jamais plus de trente-cinq mille (ils sont à peine deux cent quatre-vingts mille aujourd'hui encore !). Que, surtout, ils aient mis au point une littérature qui demeure – mais qui le sait ? – la fleur des lettres occidentales médiévales, conservant pieusement les archives immémoriales des Germains (les eddas), portant à son point de perfection le genre de la poésie scaldique qui demeure, à ce jour, la plus complexe et sophistiquée que nous ayons jamais enfantée, « traduisant », adaptant ou imitant à peu près tout ce qui s'écrivait en fait de « science » dans notre Occident, créant enfin un genre, les sagas, dont le secret est perdu malgré de fréquentes tentatives d'imitation, oui, il y a bien là de quoi parler de « miracle [1] ». Et comme de tout miracle, il paraît assez vain de vouloir donner des « causes » à ce phénomène vraiment prodigieux. Peut-être, si l'on y tient, cela vient-il du fait que les Norvégiens (en très grande majorité) qui s'embarquèrent à destination de l'île aux volcans ne s'y rendirent pas d'une seule traite. Ils firent longuement escale dans les îles nord-atlantiques (Orcades, Shetland, Hébrides) ou certains territoires celtiques comme l'Écosse du Nord, l'Irlande, etc. Là, ils prirent souvent femmes et « esclaves », de sorte que la population qui s'établit en Islande n'était pas totalement germanique, tant s'en faut. C'était un mixte de Celtes et de Scandinaves : on sait que cet amalgame donne toujours de remarquables résultats, surtout en milieu insulaire. Mais j'en ai assez dit pour que l'on comprenne qu'il vaut la peine de se familiariser avec un genre qui, Dieu merci, commence à émerger des trop fameuses brumes du Nord. Et le texte que l'on va lire est assurément un des plus prestigieux d'un ensemble d'une rare richesse.

1. Là-dessus, voir Régis Boyer, *L'Islande médiévale*, Paris, Les Belles Lettres, « Guides Belles-Lettres des civilisations », 2001.

Il y a très peu de temps encore, nous pensions que le mouvement d'écriture des sagas islandaises (qui se sera situé, grosso modo, entre 1150 et 1350) avait suivi un ordre relativement précis : les *sagnamenn* (auteurs de sagas) auraient rédigé d'abord les sagas dites historiques (ou royales : *konungasögur*[2]), le spécialiste étant le grand chef Snorri Sturluson (1178-1241), puis auraient apparu les sagas dites des Islandais *(islendingasögur)*, les plus belles, les mieux connues et diffusées aussi[3], superbes romans tragiques qui, bien que rédigées de nombreuses décennies après la fin du phénomène, mettent souvent en scène d'authentiques vikings ; puis seraient venues les sagas dites de contemporains *(samtidarsögur)*, dont le fleuron est la *Saga des Sturlungar*[4] et qui sont plus proches de la grande Histoire ; enfin auraient été composées simultanément les sagas dites de chevaliers *(riddarasögur)*, qui s'inspiraient plus ou moins librement de textes français, chansons de geste, romans courtois de Chrétien de Troyes, etc.[5], et les sagas dites des temps très anciens et couramment appelées sagas légendaires[6] *(fornaldarsögur)*, dont celle qui va être proposée ici au lecteur est l'une des

2. Comme celle de saint Olafr, dans la *Heimskringla* de Snorri Sturluson, ou la *Saga de Harald l'Impitoyable*, éditées toutes deux chez Payot.

3. Elles ne sont plus ignorées en France ; voir notamment le volume de La Pléiade intitulé *Sagas islandaises*, 1987. Il existe aussi d'assez nombreuses traductions chez divers éditeurs.

4. Parue aux Belles-Lettres, en 2004, dans la collection « Classiques du Nord ».

5. On en prendra une idée en lisant la *Saga de Tristram et d'Isönd* dans *Tristan et Yseut. Les premières versions européennes*, Gallimard, « La Pléiade », 1995, p. 783 *sq*.

6. Parmi les textes conservés, Régis Boyer en retient dix-neuf comme sagas légendaires, rassemblés dans le recueil paru en 2012 chez Anacharsis, *Sagas légendaires islandaises*. *(NdE)*

perles. Mais cette belle taxinomie est maintenant battue en brèche. Dans un mouvement profus qui ne va pas sans évoquer l'âge de la tragédie classique française (XVIIe siècle) ou celui du roman romantique européen (milieu du XIXe siècle), notamment, il semble bien que toute l'île se soit mise à rédiger, dans une grande ferveur en quelque sorte, les sagas, quel que soit leur sujet. Il est assez facile de montrer que tel auteur – dans la mesure où il n'est pas resté anonyme, ce qui était l'une des règles du genre – a certainement été responsable de plusieurs textes ressortissants à diverses catégories. Et donc, que ce fut l'écriture, en soi, de ces chefs-d'œuvre qui attira les écrivains, non premièrement les sujets à traiter. Toutefois, il importe de garder en mémoire, on va le dire avec soin, le fait que la *Saga de Hrolfr sans Terre* vise un but qui n'est pas le même que celui d'autres textes similaires. Mais sans rigueur ni raideur : j'ai dit que le secret de cette écriture était perdu, il y a une prise de distance dans le regard que jette le *sagnamadr* sur sa matière qui ne doit jamais nous échapper.

Cette saga a été extrêmement populaire, nous en jugeons par le grand nombre de manuscrits que nous avons gardés. Elle paraît dater du début du XIVe siècle et son auteur est resté inconnu, ce qui est bien regrettable car il devait posséder une personnalité digne d'attention. Elle relève sans le moindre doute de la catégorie des *fornaldarsögur*, évoquées plus haut, encore appelées *lygisögur* (sagas mensongères) : le roi norvégien Sverrir (1184-1202) aurait inventé cette dernière dénomination, qui paraît tout à fait congrue, car il sera très vite évident au lecteur que l'auteur s'amuse avec son sujet, jongle avec l'absurde ou l'invraisemblable, s'aventure dans le fantastique le plus gratuit quand il ne brode pas sur des motifs tout à fait conventionnels. Il n'est pour ainsi dire pas un personnage qui ne prête le flanc à une critique sensée, tant nous évoluons constamment aux frontières du raisonnable. Et l'auteur, visiblement, le sait, qui abuse de notre éventuelle crédulité avec une dilection patente. C'était d'ailleurs, comme à peu près tous ses confrères, un clerc *bene litteratus* comme on a dit de l'un d'eux à l'époque, cela se sent à l'espèce de gourmandise avec laquelle il se précipite sur toutes les superstitions, sur tous les motifs purement fantaisistes, sur les détails fantastiques surtout, qui sont tellement démesurés qu'ils en perdent toute vraisemblance.

Posons le principe sur lequel nous reviendrons implicitement sans arrêt : notre auteur écrit avant tout *til gamans*, pour le divertissement, le plaisir, l'amusement de son lecteur ou auditeur. Il peut bien se donner l'air d'exposer des faits « scientifiques », cela ne résiste pas à l'analyse. En fait, il se divertit autant qu'il cherche à amuser, et vous êtes prié de ne pas être dupe. Par exemple, et l'occasion est trop belle pour que je la laisse échapper, ce Göngu-Hrolfr *n'est pas notre Rollon* ; dans la mesure, d'ailleurs, où nous pouvons prétendre savoir qui fut ce Rollon (et notre seule source là-dessus, Dudon de Saint-Quentin, est l'un des pires « historiens » qu'ait connus le Moyen Âge). Il a dû exister un Rollon (Hrolfr) qui signa, en 911, le traité de Saint-Clair-sur-Epte (dont nous n'avons jamais retrouvé le manuscrit, soit dit en passant !) par lequel le roi de France lui confiait le duché de Normandie, et il se pourrait que ce fût un certain Hrolfr Rögnvaldsson, peut-être originaire des

Orcades (plutôt que du Danemark ou de Norvège, mais il existe aussi des candidats suédois !). Que ce Rollon-là soit identique au héros de la saga que l'on va lire, il n'en saurait être question. Au demeurant, la Normandie ne figure simplement pas dans notre texte, chose surprenante puisqu'une certaine partie de l'action se déroule en Angleterre !

Liquidons de même, tout aussi cruellement, le surnom dont on affuble notre Hrolfr. Il est *göngu-*, dérivé de *ganga*, la démarche, le fait de marcher. On en a donc conclu qu'il était « marche à pied » et l'explication va de soi : il était de trop grande taille pour qu'un cheval fût capable de le porter, ses pieds auraient touché le sol, comme dans certains de nos dessins animés[7] ! Règne ici une troublante ambiguïté, à laquelle un éminent spécialiste comme le regretté Hermann Palsson a cru devoir céder. Il est vrai qu'un ancêtre de Guillaume le Conquérant fut Rögnvaldr, jarl[8] de Mæri (en Norvège). Vrai encore que ce Rögnvaldr-là est mentionné dans le *Livre de la colonisation de l'Islande*[9] et dans la *Saga des Orcadiens*[10] (chap. 4) – laquelle entérine le fait qu'il n'y avait pas de cheval capable de porter Hrolfr. En fait, ce *göngu*-là vient de *göngumadr*, un vagabond, un errant, un chemineau, ainsi surnommé parce qu'il devait être le dernier de son lignage, et donc n'avoir pas d'établissement. Il était « sans terre », fait bien

7. Il est vrai que notre saga dit qu'il était trop lourd pour qu'un cheval fût capable de le porter, mais l'imagerie est du même ordre. Du reste, la suite du texte nous le montre souvent chevauchant !

8. Terme fort ancien en vieux norois, s'applique à un dignitaire, un chef, une sorte d'« aristocrate ».

9. On trouvera la traduction française chez Brepols, Turnhout, voir chap. 309.

10. Traduite chez Anacharsis par Jean Renaud, 2022. *(NdE)*

attesté dans beaucoup d'autres cas. L'Angleterre a eu, elle aussi, un Jean sans Terre (1167-1216).

En revanche, sur le plan géographique, on dira que notre saga prodigue les changements de décors et nous promène un peu partout en Europe. Là encore, il n'y a pas à quêter je ne sais quelle exactitude factuelle, on multiplie les toponymes prestigieux, nous dirions exotiques, toujours à des fins d'édification. Il s'agit, ne l'oublions pas, d'une saga « légendaire », la fascination de ces lieux chargés de mythes ne pouvait échapper, déjà à l'époque. Et il y a la même chose à dire du héros qui se doit d'être surhumain puisqu'en ces époques agitées, il fallait d'exceptionnelles personnalités pour assurer un ordre social constamment menacé.

En voici assez, j'imagine, pour que la mesure soit prise de la valeur « historique » du texte qui suit. J'ai fait litière de ce que l'on a trop souvent pensé de Göngu-Hrolfr-Rollon. Le comble de l'art de notre *sagnamadr* est qu'il multiplie très volontiers les noms propres qui ne peuvent manquer d'éveiller des échos chez le connaisseur : il y a des héros de cette saga qui se retrouvent dans les annales anglaises, et la bataille d'Asatun (chap. 36) ne peut que faire allusion à celle d'Ashington (1016). Le récit de l'invasion de la Russie par le roi Menelaus de Tarttaria (chap. 17 et 18) nous renvoie au chapitre 238 de la *Saga du roi Hakon*, dans ce codex islandais appelé *Flateyjarbok*. Pourtant, comme le dit Hermann Palsson : « Il est clair que les éléments historiques de ce récit sont fragmentaires et rarement exacts. Et là où la géographie est précise, elle ne joue qu'un rôle mineur et occasionnel[11]. »

11. Dans son introduction à la traduction anglaise de la saga, p. 24.

En fait, c'est dans la thématique d'ensemble de ce genre de textes que réside leur principal intérêt, et nous allons détailler un peu ce point important. Car je parlais plus haut de divertissement ou de plaisir. Soit ! Mais un souci que je dirai pédagogique n'est jamais absent non plus de cette inspiration ; les sagas ne sont pas rédigées à des fins purement abstraites, il ne faut jamais oublier que la loi essentielle du Moyen Âge en matière de récit fut l'*exemplum* : il fallait « attraire à moralité » d'une manière ou d'une autre, le texte innocent n'existe simplement pas, et le fait de vouloir amuser est d'autant mieux venu qu'il sert de prétexte (pré-texte pour jargonner à la Lacan) à des visées plus profondes.

Nous sommes frappés de la richesse vraiment étonnante de motifs qui se succèdent dans cette saga. Les traducteurs anglais veulent y voir cinq sections successives où il s'agit : de la vierge affligée, des aventures secondaires du héros, du voyage dangereux, du combat mortel et de l'exaltation du héros. Soit, encore qu'il ne soit pas bien difficile de trouver et d'autres motifs et une répartition différente. L'intérêt, c'est l'abondance de matière narrative, au demeurant une caractéristique typique du roman islandais jusqu'à nos jours inclusivement. Il m'est souvent arrivé de dire qu'on ne résume pas une saga, on la recopie ! On pourrait présumer que, dans un texte de catégorie secondaire comme celui-ci [12], l'attention de l'auteur s'est relâchée, mais il n'en est rien. Ces écrivains étaient comme pressés de courir

12. Parce qu'il n'a pas, on l'a dit, de prétention plus ou moins fondée à la véridicité.

au terme de leur histoire, ce qui avait pour conséquence que, s'ils ne voulaient pas faire trop court, ils étaient comme tenus de rajouter sans cesse de nouveaux épisodes, introduire des personnages, multiplier les décors, etc. Bien entendu, puisque nous sommes dans une saga « légendaire », les éléments ésotériques ou occultes sont fréquemment sollicités. Et l'on déduira sans peine, à la lecture, toute l'exploitation que le folklore, la littérature de sorciers ou de magiciens ont pu tirer d'une pareille source !

Mais mettons l'accent sur quelques temps forts d'un récit comme celui-ci.

L'amateur de l'art de conter, de raconter (et n'oublions jamais que le mot *saga* dérive du verbe *segja* : conter, raconter, dire, justement) n'a que l'embarras du choix quant aux grands thèmes narratifs qui sont exploités ici. Voici celui, par exemple, et inévitable, de la quête – de la fiancée en l'occurrence, mais les variantes sont nombreuses. Ou encore, notez le motif du voyage fantastique – pour le Gardariki, c'est-à-dire la Russie, qui cristallisait les facettes du merveilleux de l'époque, certainement, à mon sens, parce qu'il fallait la traverser pour parvenir à Constantinople, la ville de toutes les merveilles. Ce point m'intéresse, car il ne s'agit pas de la Russie réelle, pourtant bien connue, il semble, des vikings. Mais bien d'une manière de porte de l'Orient, voire de l'Extrême-Orient puisque l'un des grands itinéraires des varègues (nom que l'on donne aux vikings lorsqu'ils opèrent sur la Route de l'Est et non en Occident proprement dit) recoupe les deux grandes pistes caravanières venues d'Inde et de Chine, dont la célèbre route de la soie. Je pourrais aussi bien attirer l'attention sur le terme du voyage en Gardariki,

Constantinople. Comme on le sait, le souverain de ces lieux ou basileus s'entourait d'une sorte de cour, de mesnie ou de garde d'élite, dont les membres s'appelaient aussi varègues. Cette cour était un vaste carrefour d'influences où se rencontraient toutes les peuplades du monde connu, elle jouissait, dans le Nord, d'une faveur dont témoignent force récits qui mettent en scène des Islandais, ou des Norvégiens, à commencer par le célèbre roi Harald l'Impitoyable. On se prend à rêver quand on imagine tous les thèmes, récits fabuleux, qui se colportaient là. Après tout, ne vient-on pas de suggérer tout récemment que le sujet de *Tristan et Yseut* pourrait fort bien venir des Arabes, via Constantinople ? Et n'est-on pas frappé des histoires ressortissant directement au conte de fées que nous offre *Göngu-Hrolfs saga* ? Vient d'Orient, à n'en pas douter, l'histoire du nain séducteur diabolique (ici Möndull), ou encore le *topos* du serviteur infidèle que reprendra un jour Grimm et dont nous aurions, ici, la version la plus ancienne connue, ou encore le motif du cheveu d'or de la belle, qui pourrait sortir d'Égypte, à moins qu'une fois de plus, nous évoquions Tristan ! Et puis, que d'images parfaitement banales depuis, mais prestigieuses : celles de l'épée placée entre les amants pour signifier leur chasteté, l'évocation du cheval secourable, le vêtement qui rend invulnérable, l'épine du sommeil (qui connaîtra une belle fortune dans le Nord et jusque dans les poèmes héroïques de l'*Edda*). Le cerf prestigieux qui sert de guide au héros à partir du chapitre 13 pourrait remonter à un fonds celtique alors que la femme-alfe hantant un tertre funéraire doit bien être germanique. Mais cette profusion doit bien vous donner à penser !

Sinon, en deçà, si j'ose dire, de toute cette matière, l'auteur n'a pas pu résister à la tentation de dépeindre tout un milieu proprement chevaleresque, avec tournois, duels, batailles rangées et aussi banquets, beaux atours, gentes dames, etc.

Mais si vous préférez broder sur l'idée de mythe, il y a ici de quoi satisfaire votre faim. Les recours à ce registre sont plus diffus et se lisent plutôt par inférence : vous n'êtes pas tenu de savoir que le personnage hautement maléfique de Grimr Ægir porte tout simplement le nom du dieu des océans (Ægir) dans la mythologie nord-germanique, Ægir qui fut un grand magicien ; ou qu'il y a de claires similitudes entre le cheval merveilleux Dulcifal et la monture du grand héros Sigurdr/Siegfried, Grani. Et puis notez l'importance que prend, ici, le chiffre trois (trois tâches à accomplir pour le héros à la cour du roi Eirekr, trois jours de bataille contre Eirekr et Grimr Ægir, trois visites du héros en Russie, trois sorties de Hreggvidr de son tertre funéraire, trois ans laissés à Ingigerdr pour trouver ses champions). Oui, nous sommes bien ici dans un univers classé dont, certainement, les assises se perdent dans la nuit des temps. Hermann Palsson et Paul Edwards, auxquels j'emprunte ici bon nombre d'idées, font également remarquer que l'univers mental lui-même auquel nous sommes confrontés relève plus du mythe que de la réalité. Ils insistent sur « le monde moral en noir et blanc de ce récit ». Tout bon ou tout mauvais, franc sans détour ou faux, voyez le couple Hrolfr-Vilhjalmr. S'il en fallait une, voici la preuve que nous sommes sortis du monde islandais ancien qui est tout en nuances, qui déteste les caractérisations tranchées, qui sait que le bonheur, l'acceptation de soi, l'admission de sa condition sont le fruit de constants compromis. Sans doute le plus ignoble défaut nous est-il bien donné comme étant la mauvaise foi, ce qui correspond tout à fait à ce que nous pouvons déduire du comportement des grands héros du Nord [13]. Mais nous dirons que le thème est plutôt adventice et, en définitive, la figure de Hrolfr souffre certainement d'outrances dans cette volonté d'ériger en modèles des idéaux impraticables...

Il reste à redire que l'auteur – inconnu, rappelons-le – de ce splendide texte possédait une culture assez étonnante. Les notes à la présente traduction donnent les titres de bon nombre d'ouvrages qui se trouvent évoqués et qui représentent toutes les sortes de catégories de sagas connues, telles qu'elles ont été énumérées au début de la présente introduction : sagas des Islandais comme celle de Njall le brûlé (au chapitre 78), sagas légendaires, à loisir, par exemple *Saga de Gautrekr* (chap. 9), voire ces sagas-miniatures ou thættir comme *Le dit de Thorsteinn Passe-maison* (chap. 3-4). Comme si, a-t-on fait remarquer, l'auteur tenait à enrichir le genre des *fornaldarsögur* en glissant dans la présente composition toutes sortes de réminiscences ou de citations. À moins qu'il ne faille voir là l'illustration, une fois de plus, d'une des règles d'écriture les mieux établies en matière de sagas, celle de l'intertextualité.

En tout état de cause : nous avons affaire ici à un véritable écrivain, il est de la trempe des plus grands. C'est d'abord une question de composition, qui est

13. Démonstration faite dans Régis Boyer, *La Saga de Sigurdr ou la parole donnée*, Paris, Le Cerf, 1989.

fort savante et pratique avec une belle dextérité le principe de l'entrelacement. Tel motif ou personnage paraissant en A engendre au passage un développement A' puis disparaît ensuite pour resurgir plus loin en B qui à son tour suscite un B' et ainsi de suite, selon le schéma idéal :

A ——————→ B ——————→ C
>A' —→ A'' >B' —→ B'' >C' —→ C''

De même, la « distribution » est si bien réussie que certains éditeurs n'hésitent pas à faire figurer, en tête de l'ouvrage, la liste des personnages comme s'il s'agissait de présenter une pièce de théâtre. Et certes, l'idée est bonne puisque tout est action ici, les rebondissements, les « coups de théâtre », les scènes de reconnaissance abondent et, au demeurant, le découpage en chapitres peut fort bien renvoyer à nos actes et scènes de pièces de théâtre. Quant aux péripéties elles-mêmes, quel souffle, quelle variété ! Nous sommes constamment tenus en haleine, les éclairages, dirions-nous, se déplacent sans arrêt, et je me demande parfois ce que donnerait une véritable mise en scène, disons cinématographique, d'un pareil texte ! Le fait est d'autant plus remarquable que, nous l'avons entrevu, l'auteur obéit à des règles de thématique strictes et il ne perd jamais de vue que l'essentiel est de raconter.

Et puis, il faut insister un peu sur cet humour, cet inimitable humour qui est la marque propre de cette saga – ce qui ne signifie pas qu'il soit absent de textes apparentés, mais ici, nous atteignons des sommets, il me semble. Renforce cette opinion le fait que, chose assez rare, les interventions dudit auteur sont relativement fréquentes. Il y a évidemment de remarquables moments comme ce tout dernier paragraphe de la saga qui revient à dire : tant mieux si tu es content de ce divertissement, lecteur, mais quelle tristesse si tu as l'esprit tellement chagrin que cela ne t'a pas plu ! Il n'est même pas interdit de prendre la saga dans sa globalité pour une narration au second degré dans laquelle, derrière un récit de surface dont nous avons vu bon nombre de traits, courrait un sous-récit bien plus sérieux qui introduirait un jugement non seulement sur les prétendus « faits » rapportés, mais aussi sur le principe qui pousse à les exposer. Cet écrivain pratiquait, pour jargonner à la moderne, un art surprenant, étant donné l'âge du texte, de la distanciation. S'il est dans son texte, ce n'est pas au niveau des péripéties et des personnages, c'est à partir d'eux, dans le regard qu'il pose. Art souverain qui explique aussi l'extrême popularité de *Göngu-Hrolfs saga*.

La Varenne, 27 janvier 2004

Éléments de prononciation

	Ancienne (à la norroise)		Moderne (à l'islandaise)	
á	ɑː	[pâte]	ao	[Laos]
é	eː	[été]	ie	[fié]
ó	oː	[lot]	əʊ	[anglais : low]
u	u	[roux]	y	[rue]
ú	uː	[moue]	uː	[moue]
y	y	[nu]	i	[riz]
ý	yː	[dure]	iː	[mire]
æ	æː	[mère]	aj	[bail]
œ	øː	[creuse]	aj	[bail]
ǫ	ɔ	[anglais : not]	œ	[peur]
ø	ø	[creux]	œ	[peur]
au	au	[Raoul]	oj	[oyez]
ei	ɛj	[vermeil]	ɛj	[vermeil]
ey	ey	[réussi]	ɛj	[vermeil]

ð ð (sonore) [anglais : the]

f f [fou] à l'initiale ou suivi d'une consonne sourde ; v [vu] dans les autres cas

g ɡ [gare] ; j [yoga] devant i ou j

h h (fortement aspiré) [anglais : how]

j j [yoga]

p p [pas] ; f [fou] devant s ou t

r r très fortement roulé

s s [basse]

þ θ (sourd) [anglais : thing]

Les autres voyelles et consonnes se prononcent comme en français.

La désinence *-r*, marque du nominatif singulier de certaines déclinaisons, se prononce avec une voyelle d'appui semblable à un « u » français (ex : *fjǫrðr*), qu'on écrit d'ailleurs en islandais moderne : -ur *(fjörður)*.

Dans la langue moderne, *ll* et *rl* se prononcent [dl], *rn* se prononce [dn].

Tous les mots sont accentués sur la première syllabe. Pour les mots composés, un accent secondaire porte sur la première syllabe du deuxième élément.

La Saga
de Hrólfr sans Terre

Nota: Le présent texte a été traduit sur la version islandaise (standard) procurée par Gudni Jonsson : *Fornaldar Sögur Nordurlanda III*, Reykjavik, Islendingasagnautgafan, 1954, p. 161-280.

Prologue

On a composé maints récits pour le divertissement des gens[14], certains d'après d'anciens manuscrits ou de savantes personnes, et parfois selon des livres anciens qui ont dû être composés fort brièvement d'abord, puis qui ont été développés, car la plupart des choses qui s'y trouvent ont eu lieu plus tard qu'il n'y est dit. Les gens sont toujours d'opinions différentes ; deux personnes peuvent fort bien assister au même événement, l'une a souvent vu et entendu autre chose que l'autre. Il entre aussi dans la nature de maints hommes stupides qu'ils ne croient que ce qu'ils voient de leurs propres yeux ou entendent de leurs propres oreilles, et jamais ce qui leur paraît éloigné de leur nature, comme ce qu'il est advenu sur le conseil des sages ou par la grande force et les talents étonnants de personnages exceptionnels, ou non moins sur la façon dont les artifices, la sorcellerie et la grande magie peuvent apporter à certains éternelle malchance et perte de vie alors qu'à d'autres, ce sera honneurs séculiers, argent et réputation. Parfois, ces magiciens déchaînent les éléments mais il arrive qu'ils les apaisent, comme si c'était Óðinn ou

14. On prendra garde à ce passage. Nous sommes bien ici dans une *fornaldarsaga*, c'est-à-dire une saga traitant de temps anciens et dite légendaire. Il n'y a donc pas lieu d'attacher foi à ce qui y est dit, puisqu'elle a été écrite « *til skemmtanar mönnum* », « pour le divertissement des gens ». La formule est banale dans *toutes* les sagas (ceci pour battre en brèche leur prétendue valeur historique) mais bien entendu, elle vaut particulièrement pour les textes relevant de la présente catégorie.

ceux qui apprirent de lui les arts noirs et la médecine[15]. On a des exemples aussi de ce que certains cadavres se soient mis à bouger sous l'inspiration d'un esprit mauvais, comme Eyvindr Kinnrifa dans la *Saga d'Óláfr Tryggvason* ou Einarr Skarfr ou Freyr que Gunnarr Helmingr tua en Svíariki[16]. Or ni ceci ni autre chose n'est fait au gré de tout le monde, personne n'a besoin d'y croire plus qu'il n'y semble disposé. Le mieux tout de même, et le plus sensé, c'est d'écouter tandis que l'on raconte, et de s'en faire une joie plutôt qu'un objet d'affliction, car il en va toujours ainsi que l'on ne pense pas à péché tandis que l'on se réjouit de choses amusantes. Il ne sied pas non plus que les auditeurs trouvent à blâmer si les formulations sont maladroites ou lourdes, car il est rare que l'on exécute à la perfection des choses aussi peu importantes.

15. Beaucoup de textes qui nous parlent de lui, notamment l'*Ynglinga saga*, premier texte de la *Heimskringla* de Snorri Sturluson, nous dépeignent Óðinn comme un maître magicien – et l'on n'oubliera pas que la médecine relevait plus de la magie que de la science à l'époque.

16. Ce passage en dit long sur la culture de l'auteur – et aussi sur l'âge de ce texte. Les personnages évoqués ici sont bien connus : Eyvindr Kinnrifa (Érafle-joue) fut un des grands adversaires du roi Óláfr Tryggvason (qui régna entre environ 995 et 1000), le convertisseur de la Norvège (voyez le chapitre 76 de la saga de ce roi, version française à l'Imprimerie Nationale, 1992). Einarr Skarfr (Cormoran) est également dans la *Heimskringla*. Pour Gunnarr Helmingr, il fait l'objet d'un *þáttr* (« saga-miniature ») passionnant (il figure dans le *Flateyjarbok*) qui nous relate comment il prit part à un culte processionnel avec une prêtresse de la déesse Freyja, parèdre du dieu Freyr, tous deux dieux Vanes et, à ce titre, grands magiciens, et l'engrossa. Il ne « tua » pas Freyr mais détruisit une idole de lui. Svíariki est le royaume des Svíar, la Suède.

1. Du roi Hreggviðr

Le commencement de ce récit, c'est que l'on mentionne un roi, Hreggviðr. Il régnait sur le royaume de Holmgarðr, que certains appellent Garðaríki[17]. Il était de grande taille, fort, le plus beau des hommes et le plus vaillant aux armes, brave et grand batailleur, sage et de bon conseil, très libéral pour ses amis, dur et impitoyable envers ses ennemis. Le destin l'avait comblé dans la plupart des choses. Il avait épousé une reine de grande famille, on ne la nomme pas, aussi n'interviendra-t-elle pas dans cette saga.

Le seul enfant qu'il avait eu de sa reine était une fille qui s'appelait Ingigerðr. C'était la plus belle et la plus courtoise de toutes les femmes qui étaient en Garðaríki et même en cherchant plus loin encore. Elle surpassait quiconque en sagesse et en éloquence. Elle connaissait tous les arts qui convenaient à une femme et que pratiquaient les nobles dames, proches ou lointaines. Elle avait une chevelure si abondante qu'elle aurait pu s'en couvrir le corps tout entier, et aussi belle que l'or ou la paille. Le roi aimait beaucoup sa fille. Elle avait un logement particulier dans la ville. C'était une demeure excellente par son emplacement, et ornée avec élégance d'or et de pierres précieuses. Elle était quotidiennement dans cet appartement avec les autres femmes qui la servaient. Le roi Hreggviðr était fort avancé en âge à cette époque-là.

17. Gardariki (« le royaume des enclos ») est le nom par lequel les Scandinaves désignaient ce qui sera un jour la Russie. Holmgardr est Novgorod où les varègues (vikings suédois opérant sur la Route de l'Est) fondèrent un État qui, après fusion avec l'État similaire créé autour de Kiev *(Kœnungardr)*, formera la Russie.

On dit que, alors que le roi était dans son jeune âge, il était souvent en expéditions guerrières et qu'il s'était soumis les terres d'au-delà de la Dýna [18], qui coulait dans le Garðaríki. De là, il avait guerroyé dans l'Austrríki [19] chez diverses nations. C'est là qu'il avait obtenu des trésors comme on en voit rarement. Cette rivière est la troisième ou quatrième du monde en longueur. Yngvarr le Grand Voyageur s'était rendu aux sources de cette rivière, comme il est dit dans sa saga [20].

Le roi Hreggviðr passa sept hivers à la file dans cette expédition. On le croyait mort. Après cela, il revint en Garðaríki et y resta tranquille. Il s'était procuré un cheval qui comprenait le langage humain. Il s'appelait Dulcifal [21]. Il était rapide comme un oiseau, agile comme un lion, grand comme un loup. Il n'avait pas son pareil en fait de taille et de force. On ne pouvait s'emparer de lui et celui-là essuyait la défaite qui le montait, mais s'il lui était donné par le destin de remporter la victoire, le cheval allait

18. La Dvina.
19. On peut aussi bien comprendre l'est de l'Europe que l'Asie.
20. Il est fort possible qu'ait effectivement existé un certain Yngvarr le Grand Voyageur que mentionnent les annales islandaises pour l'année de sa mort, 1041. Une bonne trentaine de pierres runiques, en Suède, font mention de ses compagnons qui allèrent avec lui, dans l'est. Il existe bien une *Saga d'Yngvarr le Grand Voyageur* qu'est censé avoir composée le moine islandais Oddr Snorrason (fin du XIIe siècle) mais qui, en réalité, est plus récente. Ce texte légendaire, est traduit chez Anacharsis dans *La Russie des Vikings. Saga d'Yngvarr le Grand Voyageur, suivie du Dit d'Eymundr Hringsson*, 2009, et repris dans le volume des *Sagas légendaires islandaises*, 2012.
21. Un chercheur anglais, F. P. Magoun, a fait remarquer qu'il n'est pas impossible que ce nom renvoie au Bucéphale d'Alexandre le Grand : la légende de ce dernier fut répandue dans tout l'Occident, y compris, bien entendu, en Islande, et dans le domaine slave, Bucéphale était Douchipal.

tout droit à son maître. Le roi Hreggviðr avait une armure sans pareille : le heaume était tout couvert de pierres précieuses et indestructible en raison de sa dureté. Sa broigne était de triple épaisseur, faite de l'acier le plus dur et brillante comme argent. Son bouclier était à la fois large et épais de sorte que le fer ne mordait pas dessus. La lance qui allait avec était dure et solide et elle émettait un son comme d'une cloche si elle frappait un bouclier, mais si la défaite était certaine, elle n'émettait pas de son. Son épée ne manquait jamais son coup, un charme faisait qu'elle mordait acier et pierre comme si ç'avait été de la chair humaine. Elle était faite du fer gris qui vient du fjord appelé Ger[22]. Il ne peut ni rouiller ni se briser. Le cheval Dulcifal appartenait à l'espèce de chevaux apparentés au dromadaire. Depuis qu'il avait obtenu ce cheval et cette armure, jamais le roi Hreggviðr n'avait subi une défaite. Ses États étaient l'objet de force combats, et lui et ses hommes livraient constamment de grandes batailles.

Le roi avait avec soi quantité de conseillers et de favoris. L'un d'eux s'appelait Sigurðr et était surnommé Ruban de Laine. Il était petit-fils de Halfdan au Manteau Rouge, fils de Kari le Brûlé[23]. C'était un homme intrépide, très populaire et aimé de tout le monde, mais il se faisait vieux. Il avait longtemps été chez le roi et l'avait accompagné dans bien des épreuves.

22. La traduction est hautement conjecturale : *gerjarn* est un hapax et rien n'est moins sûr que notre texte. On ne voit pas davantage où est ce fjord dit « Ger ».

23. On saisit ici comment ce texte évolue dans la plus pure fantaisie. On ne voit pas qui est ce Halfdan au Manteau rouge. Quant à Kari le Brûlé, il pourrait renvoyer à l'un des personnages centraux de la *Saga de Njáll le Brûlé*...

2. De Grímr Ægir et de ses compagnons

On mentionne un roi, Eirekr. Il était roi de mer[24] et originaire du Gęstrekaland. Ce pays est soumis au roi des Svíar. Les hommes y sont forts et gigantesques, durs et peu traitables, et versés dans la magie. Le roi Eirekr était un homme de grande taille et très fort, noir et osseux. Hiver comme été, il était en mer avec quantité de bateaux et ravageait divers pays. C'était un très grand homme de guerre et fort tyrannique. Il avait une sœur, qui était belle et qui s'appelait Gyða, elle était tout le temps avec le roi.

Eirekr avait force *berserkir*[25] et champions dans sa troupe, on en nomme quatre. Il y avait deux frères. L'un s'appelait Sörkvir et l'autre, Brynjólfr. Ils étaient grands et forts, il faisait mauvais avoir affaire à eux, de plus versés dans la magie et si pleins de sortilèges qu'ils émoussaient le fil des épées dans la bataille. Sörkvir était le plus fort des deux et grand attaquant d'estoc.

Le troisième homme était un parent du roi, qui s'appelait Þórdr et était surnommé Hléseyjarskalli[26], un homme grand et fort. Il était originaire de Hlésey au Danemark. C'était là qu'il avait grandi.

24. Cette dénomination, qui intervient souvent dans nos textes, reste énigmatique. S'est-elle appliquée à un chef viking ? ou à l'on ne sait quel petit potentat possédant un pouvoir le long des côtes ? Le Gestrekeland *(Gästrikaland)* désigne, aujourd'hui encore, une province de Suède.

25. Le *berserkr* est un guerrier-fauve qui, à la faveur de certaines circonstances, guerrières, érotiques, poétiques ou magiques, est susceptible d'entrer en fureur et de fournir des prestations bien au-dessus des forces humaines. C'est un personnage comme obligé des sagas légendaires.

26. *Skalli* = « chauve » ; Hlésey est une île (Læsø).

Son frère adoptif s'appelait Grímr, surnommé Ægir. Cet homme était fort et mauvais en tous points. On ne savait rien de ses origines ou de sa famille parce que la voyante[27] Groa l'avait trouvé dans l'estran[28] de Hlésey : elle était mère de Þórdr et elle avait élevé Grímr puis lui avait enseigné toute la sorcellerie, de sorte qu'il n'avait pas son pareil dans les pays du Nord, car sa nature était différente de celle de tous les autres hommes. Il en est certains pour penser que la mère de Grímr avait dû être une géante de mer[29], car il pouvait vivre en mer ou en eau douce, à son gré. Voilà pourquoi il était surnommé Ægir[30]. Il mangeait de la viande crue et buvait le sang tant des hommes que du bétail. Il prenait souvent aussi la forme de diverses créatures vivantes et se métamorphosait si vite que l'on s'en apercevait à peine. Son haleine était si brûlante que tout en armure qu'ils étaient, les gens pensaient qu'ils allaient se consumer. Il crachait aussi tantôt du venin tantôt du feu, mettant de la sorte à mort hommes et chevaux, ce qui fait que personne ne lui résistait. Le roi Eirekr avait grande confiance en lui et en eux tous. Ils ne rechignaient pas non plus à faire le mal.

27. Le texte dit *völva*, c'est ainsi que l'on appelait les prophétesses ou voyantes. Voir le célèbre poème de *L'Edda poétique* intitulé précisément *La Prédiction de la Voyante (Völuspa)*. Le mot, toutefois, a plutôt ici le sens de « magicienne ».
28. L'estran ou *flœðarmal* est la bande de rivage qui est découverte à marée basse.
29. Géante (ou ogresse) de mer, *sjogygr.*
30. *Ægir*, dit le texte, qui correspond littéralement au grec *Okeanos* (Océan). Le dieu des mers, dans cette mythologie, porte aussi ce nom.

3. Mort de Hreggviðr et stipulations d'Ingigerðr

En ce temps-là, le roi Eirekr vint avec son armée dans le royaume du roi Hreggviðr. Ils tuèrent les gens, incendièrent les lieux habités et pillèrent le bétail. Lorsque ceux du pays s'aperçurent de ces hostilités, ils allèrent trouver le roi Hreggviðr et lui dirent ce qui s'était passé. Ce qu'apprenant, le roi fit tailler la flèche de guerre [31] et ordonna à tout homme en état de porter les armes de venir le trouver. Il obtint pourtant peu de monde, car cette armée avait été levée trop rapidement et la plupart disaient nourrir des doutes sur la façon dont se passeraient ces hostilités.

Le matin, avant que la bataille eût lieu, le roi Hreggviðr revêtit son armure. Il attacha un collier d'or autour de son cou. C'était un objet de très grand prix. Ensuite, il ceignit son excellente épée. Il prit sa lance et en frappa son bouclier, mais elle n'émit aucun son. Le cheval Dulcifal ne voulut pas se laisser attraper non plus. Nombre de gens le pourchassèrent. Pour finir, on le fit pénétrer dans une profonde allée enclose. Le roi s'y rendit alors et voulut le prendre. Mais dès que le cheval vit le roi, il bondit par-dessus la barrière et s'enfuit dans la forêt. Cela parut à tout le monde une grande merveille, on pensa que la défaite était certaine et on ne fit rien pour se mettre à sa poursuite. Le roi Hreggviðr fit prendre un autre cheval, ainsi qu'une lance et un bouclier, et il remit à sa fille son bouclier et sa lance

31. C'était en effet un moyen courant de convoquer les gens à la bataille : on faisait circuler de lieu en lieu une flèche marquée de signes spéciaux.

pour qu'elle en prenne la garde. Ensuite, il se prépara à la bataille ainsi que toute l'armée.

Le roi Eirekr rassembla toute son armée et demanda à chacun de faire de son mieux, selon ses capacités et sa vaillance, sans épargner ses efforts.

Grímr Ægir dit : « Nous sommes tenus, sire, de faire chacun de son mieux, mais si nous vainquons le roi Hreggviðr, nous voulons nous établir ici, et je veux recevoir pour moi tout seul la charge du pays ainsi que le titre de *jarl*. Þórdr, mon parent, m'accompagnera, et nous partagerons le même sort ; pour Sörkvir et Brynjólfr, ils iront avec vous et défendront votre pays. »

Le roi accepta ce que Grímr disait et déclara qu'il en serait ainsi.

De part et d'autre, on se disposa en ordre de bataille et les partis se rapprochèrent. Le roi Eirekr était sur une aile de son ordre de bataille et Grímr, sur l'autre. Il y avait grande différence de nombre, quatre ennemis pour un homme du pays. Le roi Hreggviðr fit face au roi Eirekr et Sigurðr Ruban de Laine à Grímr Ægir. Éclata la plus féroce bataille avec coups d'estoc et de taille, jets de projectiles et de pierres. De part et d'autre, on marcha sur l'ennemi en poussant des cris et en s'excitant mutuellement. Les berserkir du roi Eirekr marchaient en tête de l'ordre de bataille, abattant les troupes du roi Hreggviðr comme du petit bois, et les faisant tomber les uns sur les autres. Sigurðr Ruban de Laine voit cela et frappe des deux mains jusqu'à ce qu'il affronte Þórdr Hléseyjarskalli. Il lui porte un coup de taille, mais l'autre interposa son crâne chauve et le coup ne mordit pas. Après cela, Þórdr assena à Sigurðr le coup de la mort, il tomba en ayant acquis excellente réputation.

Le roi Hreggviðr voit cela, la mort de Sigurðr le contrarie, il éperonne son cheval, chevauche ferme, frappant des deux mains tant les hommes que les chevaux, en sorte que tout recule devant lui. Son épée mordait comme si elle tranchait dans l'eau. Le fourreau était tout incrusté d'or, dans la garde supérieure de l'épée étaient cachées deux pierres de vie qui tiraient venin et douleur des blessures, si on les en frottait. Il avance si furieusement vers l'étendard du roi Eirekr qu'il a les deux bras ensanglantés jusqu'aux épaules. Il lui arriva de tuer deux ou trois hommes d'un seul coup, jusqu'à ce qu'arrivent en face de lui Grímr Ægir et Þórdr. Ils lui assénèrent un coup tous les deux en même temps mais le roi se défendit si bien qu'il ne fut pas blessé. Sur ce, Grímr exhala une sorcellerie si grande que le cheval céda et faillit tomber. Alors, le roi sauta de selle tout en frappant encore des deux mains. Il empila si haut les cadavres autour de lui qu'ils lui atteignaient la ceinture. Il assena des deux mains un coup d'estoc à Grímr Ægir, mais celui-ci souffla à l'encontre, de sorte que son épée lui échappa. Alors, il se saisit d'une hache et en donna un coup du talon sur le crâne de Þórdr et celui-ci en resta longtemps évanoui. Ensuite, d'un bond, il sauta par-dessus le tas de cadavres. Vint à sa rencontre le roi Eirekr qui frappa Hreggviðr d'une épée, si bien que celle-ci se brisa en dessous des gardes, mais elle ne mordit pas l'armure. Là-dessus, Grímr Ægir décocha un coup de taille par-dessous la broigne si bien qu'elle s'y enfonça. Le roi tomba là par grande vaillance et bonne réputation, et l'on tient qu'il n'y a guère eu d'homme plus renommé en Garðaríki que le roi Hreggviðr.

Toute la troupe qui restait prit la fuite, bien que la plus grande partie fût tombée. Beaucoup étaient tombés également dans les rangs du roi Eirekr. On brandit alors le bouclier de paix[32], acceptèrent grâce ceux à qui il fut accordé de vivre et qui le voulurent bien, pour les autres, qui ne voulaient pas servir le roi Eirekr, ils furent tués, et la bataille se termina.

Ensuite, on dépouilla les morts, et le roi Eirekr entra dans la ville avec ses suivants, et ils eurent toute sorte de liesse en fait de boisson et de musique. La nuit s'écoula ainsi, mais le lendemain, le roi Eirekr convoqua Grímr Ægir et ses camarades pour qu'ils aillent trouver la princesse, et c'est ce qu'ils firent. Lorsqu'ils entrèrent dans ses appartements, elle salua le roi Eirekr bien qu'elle fût fort affligée et dans la détresse.

Le roi Eirekr la réconforta en disant que l'on essaierait de compenser les torts qu'elle avait subis, tant en pertes humaines qu'en dommages matériels, « et j'exaucerai toute prière que tu me feras et qu'il nous siéra de satisfaire, si tu veux ensuite t'accorder avec nous et faire à notre volonté ».

Ingigerðr la princesse dit alors : « Nul ne peut porter à bon escient le titre de roi s'il ne tient pas ce qu'il promet à une pucelle. Je m'accorderai avec vous et ferai à votre volonté si vous tenez parole et exaucez la prière que je vous ferai, car je me mettrai à mort plutôt que de m'allier contrainte et forcée à un homme, et alors, personne ne jouira de moi. »

32. Je choisis de traduire ainsi *friðskjöldr*, que l'on pourrait rendre encore par « bouclier de trêve » : le texte est explicite, encore que cet usage ne soit pas tellement attesté.

Le roi s'éprit violemment d'elle et dit : « Que celui-là qui ne tiendrait pas sa parole envers vous soit un infâme, choisissez sur l'heure votre requête et je vous l'accorderai.

– Ma première prière, dit la princesse, est que l'on érige un tertre funéraire à mon père, un tertre grand et bien aménagé à l'intérieur, et entouré d'une haute palissade. Ce tertre se tiendra loin dans les lieux déserts. On portera de l'or et d'excellents objets de valeur dans le tertre à côté du roi. Il sera complètement armé et ceint de son épée. Il sera sur un siège et l'on répartira de part et d'autre de lui ceux de ses champions qui sont morts. Pour le cheval Dulcifal, aucun de vos hommes ne le touchera, il décidera lui-même où aller. Je veux gouverner un quart du royaume pendant trois hivers avec ceux que je désignerai pour m'assister, et tous ceux qui me serviront iront en paix. Chaque année, je désignerai un homme pour vous affronter, vous ou votre champion Sörkvir, et si je ne trouve parmi mes hommes personne qui soit capable de désarçonner Sörkvir durant ce temps-là, vous me posséderez, moi et tout le royaume. Mais si Sörkvir est vaincu, vous devrez vous en aller, avec toute votre troupe et ne jamais revenir en Garðaríki, et pour moi, je reprendrai royaume et terres après mon père, selon le droit. »

Grímr Ægir dit : « Il n'y a guère à satisfaire à cette requête, car elle repose sur des bases profondes et est préméditée depuis longtemps. Il me semble qu'il ne vous sied pas, Sire, de faire le prétendant inconsidéré pour elle ou quelque autre femme ; toutefois, vous pouvez bien faire confiance à Sörkvir de même qu'à mes conseils et ma sagacité afin que tout aille bien. »

Le roi répond : « Je ne pensais pas, fille de roi, que vous feriez cette requête, cependant, j'accomplirai la parole que je vous ai donnée, car j'ai confiance en Sörkvir. Vous ne trouverez jamais meilleur homme que lui. »

Ils se lièrent là-dessus par serments, et cessèrent cette conversation. Grímr Ægir dit : « Il me vient une idée qui nous sera utile. Nous allons jeter un charme et obtenir par magie[33] que personne ne pourra vaincre Sörkvir, ni en tournoi ni en duel, hormis celui-là qui portera l'armure complète du roi Hreggviðr, mais son tertre sera si fortement construit avec briques et tuiles qu'il ne pourra être ouvert par aucun être humain. Il va sans dire que vous allez tenir votre parole envers la princesse. Vous allez constamment envoyer des hommes chercher l'armure et promettre votre sœur Gyða à celui qui s'en emparera. Alors, ou bien cette armure sera en votre pouvoir, ou bien ils ne reviendront pas en vie. »

Le roi et tous ses hommes trouvèrent que c'était là un bon conseil. On fit un tertre et l'on y plaça le roi Hreggviðr. Ingigerðr fut la dernière à sortir du tertre. Elle y fit porter en secret deux armures et les posa sur les genoux de son père. Puis le tertre fut recouvert et tout fut fait selon les propositions de Grímr Ægir. Ensuite, le royaume fut réparti selon les stipulations faites et tout fut accompli de ce qui avait été prescrit. La princesse ne trouva personne qui osât éprouver Sörkvir. Le roi envoya maints hommes au tertre, mais aucun ne revint.

33. Le texte développe le verbe *sejda*, substantif *sejdr*, qui s'applique à l'une des rares opérations magiques élaborées que nous connaissions dans cette culture. Voir Régis Boyer, *Le monde du double. La magie chez les anciens Scandinaves*, Paris, Berg, 1986.

Grímr Ægir gouvernait l'Ermland[34]. C'est l'un des royaumes de Garðaríki et tous ceux qui le servaient étaient fort mécontents de leur lot. Þórdr Hléseyjarskalli était toujours en grandes hostilités contre les habitants de Jötunheimr[35], au nord d'Áluborg, et cela vaut la peine de maint récit, lorsqu'ils se battirent par incantations, magie et grandes batailles, chacun ayant le dessus à tour de rôle. Sörkvir et Brynjólfr étaient en expéditions guerrières pendant l'été, ils assuraient la défense territoriale du roi Eirekr. Ingigerðr la princesse siégeait en paix dans un des châteaux de son royaume avec ses favoris et elle était fort anxieuse de sa condition.

4. De Hrólfr, fils de Sturlaugr

À l'époque où se passait ce que nous venons de raconter, c'était Sturlaugr l'Industrieux qui gouvernait le Hringaríki en Norvège[36]. Il avait épousé Asa la belle, fille du jarl Eirekr. Ils avaient de nombreux fils, et bien élevés. L'un s'appelait Rögnvaldr, le second, Fraðmarr, le troisième Eirekr, le quatrième s'appelait Hrólfr. Il était appelé d'après Hrólfr le Nez, frère adoptif de Sturlaugr. Celui-ci était mort dans le temple en Irlande, quand Sturlaugr s'y était rendu pour prendre la corne d'aurochs.

34. Sans doute l'Arménie...
35. Le Pays des Géants (*jötunn* = « géant »).
36. Sturlaugr l'Industrieux est le héros d'une saga légendaire à laquelle il a donné son titre, la *Saga de Sturlaugr l'Industrieux* (que l'on trouvera dans le volume des *Sagas légendaires islandaises*, p. xx). L'épisode de la corne d'aurochs, qui est mentionné à la fin du présent paragraphe, figure aussi dans cette saga. Le Hringaríki (aujourd'hui Ringerike) est une province de Norvège.

Hrólfr Sturlaugsson était un homme très éminent, à la fois par la carrure et la taille, et si lourd qu'aucun cheval ne pouvait le porter toute la journée, ce qui fait qu'il allait toujours à pied[37]. C'était l'homme qui avait la plus belle apparence. Il ne se mêlait pas beaucoup au tout-venant, liesse et amusements n'étaient pas son fort. Ce dont il s'amusait le plus, c'était de tirer à l'arc ou de pratiquer le tournoi à cheval. Il était si lourd et fort que personne ne parvenait à le désarçonner mais il était maladroit au maniement des armes et n'en portait jamais. Pour la plupart des gens, il était à la fois inoffensif et inapte. Il n'était pas comme ses frères. Lui et eux étaient toujours en froid.

Un jour, comme d'habitude, il se fit que Sturlaugr et Hrólfr conversaient. Sturlaugr dit : « Il me semble à te voir que ta destinée sera mineure. Il revient plus à une femme qu'à un homme de se comporter comme tu le fais. Aussi me paraît-il judicieux que tu te maries, t'installes, deviennes fermier dans une vallée écartée où personne ne te trouvera, et que tu mènes là ta vie aussi longtemps que le destin le permettra. »

Hrólfr dit : « Je ne m'installerai pas et je ne me marierai pas, parce que les femmes ne me sont de rien. Je vois fort bien aussi que ce qui te porte à me blâmer, c'est que tu me reproches la nourriture que tu me donnes. Aussi vais-je m'en aller et ne reviendrai pas avant d'avoir obtenu autant de pouvoir que tu en as à présent, sinon, je mourrai. Je trouve que la propriété que tu possèdes ne vaut pas mieux

37. Nous avons précisé en introduction qu'il s'agit bien là d'une erreur de compréhension de l'auteur. Rappelons que *göngu-*, de Göngu-Hrolfr, renvoie en fait à *göngumadr,* soit « vagabond », « chemineau » et, dans ce contexte, « sans-terre ».

qu'une chaumière et qu'elle est bien trop petite pour être partagée entre nous autres, les frères. Et ni pour vous ni pour eux il n'y aura d'avantage à tirer de moi désormais. »

Sturlaugr dit : « Je vais te donner et des bateaux et de bons équipages si tu veux entreprendre quoi que ce soit qui t'apporte renom ou estime. »

Hrólfr dit : « Je n'ai cure de traîner des hommes derrière moi pour qu'ils ne voient plus vos fils. Je ne veux pas entendre parler de bataille non plus, car je ne supporte pas de voir du sang humain. Je ne veux pas m'entasser avec force gens dans de petits bateaux, et qu'ils coulent, et que nous nous noyions tous. »

Sturlaugr dit : « Je ne t'aiderai en rien, car je vois que tu es à la fois idiot et obstiné. »

Ce qu'ayant dit, ils se quittèrent, chacun restant sur ses positions.

Hrólfr alla alors trouver Asa, sa mère, et dit : « Je voudrais, mère, que tu me montres les manteaux que ta mère adoptive, Véfreyja, fit pour mon père il y a longtemps. »

C'est ce qu'elle fit, elle ouvrit un grand coffre et dit : « Tu peux voir ces manteaux ici, à peine s'ils ont vieilli encore. »

Hrólfr ramassa tous les manteaux. Ils étaient ainsi faits : ils étaient longs et larges, avec des manches et un capuchon et un masque pour couvrir le visage. Le fer n'avait pas prise sur eux et le venin ne pouvait les abîmer.

Hrólfr prit les deux manteaux qui étaient les plus grands et dit : « Je n'enlève pas trop de choses à la maison de mon père si je prends ces manteaux. »

Asa dit : « Tu ne dois pas t'en aller si vite, parent, sans avoir d'armes ni de compagnie. »

Hrólfr s'en fut en silence, et peu de jours après, il disparut de sorte que nul ne sut ce qu'il était advenu de lui. Il ne donna l'au revoir ni à son père ni à sa mère, non plus qu'à aucun de ses parents. On ne sut pas non plus ce qui lui était arrivé. On ne mentionne pas que Sturlaugr se soit fait du souci pour la disparition de Hrólfr. Un certain temps passa où Sturlaugr resta tranquille dans son royaume.

5. Du jarl Þorgnýr et de ses enfants

On parle de Þorgnýr pour cette saga. Il avait à gouverner le Jutland en Danemark, c'est là qu'il résidait, mais il percevait les tributs de plusieurs États. C'était un grand chef et il avait chez lui des hommes de choix. Il était très vieux quand cette histoire se passa. Sa reine était morte, mais deux enfants qu'ils avaient eus survivaient. Son fils s'appelait Stefnir, et sa fille, Þóra. Ils étaient tous les deux beaux et bien élevés. Stefnir, le fils du jarl, était fort et très adroit aux exercices physiques, il était toujours aimable et de bon caractère. Þóra était la plus habile des femmes aux travaux d'aiguille, on lui avait construit un pavillon et c'est là qu'elle siégeait avec ses servantes.

Il y avait un homme appelé Björn. C'était un conseiller du jarl et il lui était très cher, homme sage et de bon vouloir qui s'entendait à l'art de la guerre. Sa femme s'appelait Ingibjörg. Elle était courtoise et bien élevée, et Björn l'aimait beaucoup. Il possédait un domaine à peu de distance de la ville, cependant, il résidait d'ordinaire chez le jarl.

Le jarl Þorgnýr avait beaucoup aimé sa reine, elle avait son tertre funéraire près de la ville. Le jarl y restait souvent par beau temps, soit pour y tenir des réunions, soit pour faire procéder à des jeux. Le jarl était le plus souvent en paix et la plus grande partie de sa vie se passait paisiblement.

6. Hrólfr acquiert argent et administration

Il faut reprendre à présent au moment où Hrólfr partit de Hringaríki, comme on l'a déjà dit. Il n'avait pas d'arme en dehors d'un gourdin de chêne. Il avait mis un des deux manteaux qui lui venaient de Véfreyja et emportait l'autre. Les chemins lui étaient inconnus. Il allait plus par les montagnes et les forêts que par les lieux habités. Il se dirigea vers l'est, en Eiðaskógr[38] et avait l'intention de se rendre en Svíariki. Il ne prit aucun chemin traversant la forêt. Il s'égara fort et erra longtemps.

Un soir, tard, il tomba sur une maison solide dans la forêt. C'était au printemps. Le portail était fermé. Il posa son gourdin contre le mur et entra dans la maison. Il y avait un lit pour une personne et des sièges entre ce lit et la porte. Il y avait quelques fourrures, mais sinon peu de biens. Hrólfr alluma du feu.

Lorsque ce fut le coucher du soleil, un homme de grande taille entra dans la maison. Il portait un manteau noir à capuchon roux. Son visage était noir, il avait des sourcils qui se rejoignaient et il était fort barbu. Il était ceint d'une épée et portait une lance.

Il dit : « Qu'est-ce que ce voleur-ci, et d'où viens-tu ? »

38. *Skógr* = « forêt ».

Hrólfr dit : « Ce n'est pas la peine de te montrer si grossier pour rien, et je n'ai cure de te celer mon nom. Je m'appelle Hrólfr. Je suis venu de Hringaríki. »

L'habitant de la maison dit : « Qu'il aille au diable, celui qui vient de là, va-t'en du feu, assois-toi sur ce siège et repose-toi. »

C'est ce que fit Hrólfr. Lorsqu'il se fut assis, l'habitant de la maison dit : « Je ne te cèlerai pas mon nom. Je m'appelle Atli Ótryggsson, originaire de Hringaríki. Je te connais parfaitement. Tu es fils de Sturlaugr l'Industrieux. Tu vas payer le fait que ton père m'a fait proscrire quand j'eus tué un homme de sa *hirð*[39]. »

Puis il empoigna sa lance à deux mains et l'assena contre la poitrine de Hrólfr si rudement que celui-ci s'en recroquevilla, mais l'arme ne mordit pas le manteau. Hrólfr voulut se lever, mais il n'en fut pas question : il était fixé au siège.

Atli dit alors : « Ta sorcellerie ne te servira à rien, je vais prendre ton gourdin et m'en servir pour te rosser à mort. »

Il sortit en courant de la maison. Hrólfr estima être en mauvaise posture et s'évertua ferme jusqu'à ce que la planche sur laquelle il était assis se détache. C'était au moment précis où Atli arrivait avec le gourdin. Hrólfr se précipita sur lui, Atli jeta le gourdin, ils s'empoignèrent et luttèrent furieusement. Hrólfr attaqua puissamment et Atli dut céder devant sa force jusqu'à ce qu'il tombe sur le dos. Hrólfr lui mit le genou sur le ventre et lui saisit le cou et la gorge des deux mains, de sorte qu'Atli ne put émettre un

39. La *hird* est la garde personnelle, la « mesnie » comme on disait au Moyen Âge, d'un homme important.

seul son. Atli réagit fortement, mais Hrólfr maintint sa prise jusqu'à ce qu'il fut mort.

Dans la maison, Hrólfr trouva une grande escarcelle et il l'emporta. Il prit l'épée et la lance, mais laissa le gourdin. Il ôta le manteau à capuchon d'Atli parce qu'il pensa qu'il était plus facile de le porter que les manteaux, et il emporta ceux-ci. Il brûla Atli et passa le reste de la nuit là, mais le lendemain matin, il s'en fut et marcha des jours durant par la forêt.

Un jour, il arriva à une clairière et y vit onze hommes tout armés. L'un d'eux était le mieux équipé, et il lui parut que ce devait être leur chef.

Quand ils virent Hrólfr, cet homme dit : « Voici Atli le méchant, debout, tous, et tuez-le au plus vite ! Faisons-lui payer ses pillages et ses meurtres ! »

Hrólfr n'eut pas le temps de parler, ils l'attaquèrent violemment, lui donnant des coups tant d'estoc que de taille. Il fit vaillamment face, tantôt déchargeant des coups d'épée, tantôt des coups de lance. Il leur assena de grands horions, car sa lance était la meilleure des armes, mais il reçut quelques blessures aux mains et aux pieds. Ils se battirent longtemps et pour finir, Hrólfr les tua tous. Il était alors fort épuisé. Il avait maintes blessures, petites. Il les pansa et se débarrassa du manteau à capuchon parce qu'il ne voulait pas qu'une pareille chose lui arrivât encore. Il lui parut que ces hommes venaient de Vermaland [40] et qu'ils étaient partis à la chasse, ou qu'ils recherchaient Atli.

Il alla son chemin. On ne dit rien de son voyage tant qu'il ne fut pas parvenu en Gautland, au

40. Une province de Suède, aujourd'hui Värmland.

Gautelfur[41]. Il vit un bateau flottant près de la côte. C'était un grand *langskip*[42]. Les tentes étaient dressées de la poupe à la proue. Il y avait une jetée sur la rive, au bout de laquelle on avait fait du feu et les hommes étaient en train de préparer leur repas. Hrólfr se masqua de son capuchon, se rendit jusqu'à eux et salua ceux qui étaient près du feu. Ils lui rendirent ses salutations, lui demandèrent son nom et d'où il venait. Il dit se nommer Stígandi[43] et venir de Vermaland. Il demanda à qui appartenait ce bateau et qui était leur maître. Ils dirent qu'il s'appelait Jolgeirr et qu'il était originaire des Sylgisdalir en Svíariki.

Hrólfr dit : « Il doit faire bon de servir un pareil homme ! »

Ils dirent que quiconque le servait avait le pire lot, « parce que c'est un berserkr magicien et que le fer n'a pas prise sur lui. Il est dur et difficile à traiter. Nous sommes quatre-vingts sur ce bateau et nous le servons tous, contraints et forcés, parce qu'il a tué notre chef auquel appartenait le bateau, et il nous a forcés à lui jurer serment d'allégeance. Tout cela, il l'a accompli par trahison et magie. Il a maintenant l'intention d'aller guerroyer sur la Route de l'Est[44] ».

Hrólfr dit qu'ils l'avaient bien amusé. Puis il se rendit sur le bateau, se présenta à Jolgeirr et le salua. Jolgeirr siégeait à l'arrière du bateau et Hrólfr eut l'impression qu'il avait fort mauvais air. Jolgeirr lui

41. Le Gautland est aussi une province de Suède, plus à l'ouest que le Värmland. La rivière *(elfr)* s'appelle Gautelfr.
42. Le *langskip* est une variété de bateau viking, plus longue que le *knörr* ordinaire (*langr* = long). *Drakkar* n'a aucun sens, rappelons-le.
43. *Stígandi* : « l'homme qui marche », « le marcheur ».
44. Soit, au départ de la Suède, vers la Russie.

rendit ses salutations et lui demanda l'objet de sa visite ainsi que son nom.

Il dit : « Je m'appelle Stígandi et l'objet de ma visite est de me mettre au service d'excellentes gens. Il ne m'est pas désagréable de faire bravement ce qu'il faut, mais je ne suis pas batailleur. J'ai entendu dire du bien de vous, on m'a dit que tu es un grand chef et libéral pour donner à manger à quiconque en a besoin. »

Jolgeirr dit : « On t'a dit vrai quand on t'a dit que je ne rechignais pas sur la nourriture, mais tu ne me fais pas bonne impression. Je pense que tu es un méchant homme, mais tu peux venir avec nous si cela te plaît. »

Hrólfr le remercia et ils cessèrent ces propos.

Ils guerroyèrent pendant l'été. Hrólfr distribua à deux mains l'argent de l'escarcelle d'Atli, tout le monde l'aimait bien hormis Jolgeirr parce que pour lui, Hrólfr était à la fois paresseux et endormi et s'entendait à ne rien faire à bord. Jamais il ne prenait part aux batailles ni à une quelconque épreuve. Jolgeirr faisait de fort méchants ravages, dévalisant avant tout les fermiers et les marchands, et ravageant surtout la Courlande où il amassait quantité de biens.

Il se fit qu'une fois, Jolgeirr assigna à Stígandi de monter la garde sur leur bateau. Celui-ci était au mouillage auprès d'une jetée. Le temps était mauvais, orage et pluie. L'équipage alla dormir sur le bateau, et Hrólfr resta à terre au bout de la jetée. La nuit passa, mais quand vint l'aube, Hrólfr fut pris de somnolence. Il s'enveloppa dans le manteau qui venait de Véfreyja. Quand Jolgeirr se réveilla, il mit son armure et passa à terre, tenant une épée à la main. Il vit Hrólfr allongé et endormi, ronflant près des braises. Jolgeirr se mit dans une violente colère. Il brandit son épée et frappa des deux mains la taille de Hrólfr, de sorte que cela eût été sa mort si le manteau ne l'avait protégé. Hrólfr se réveilla, terrifié, et se leva d'un bond, mais Jolgeirr voulut lui décharger un second coup à la tête. Hrólfr se précipita sur lui. Jolgeirr fit face et la lutte fut rude. Jolgeirr fut saisi de la fureur du berserkr mais Hrólfr se déroba et recula vers la mer, jusqu'à ce qu'ils firent tous les deux le plongeon près d'un rocher escarpé. Chacun tenta de maintenir l'autre sous l'eau et ils restèrent longtemps dessous. Ils firent maint plongeon, et grand, personne ne voulait aider l'un ou l'autre quoique tous favorisent Hrólfr plus que Jolgeirr. Leur rencontre se termina de telle sorte qu'ils revinrent vers la côte et que Hrólfr se remit sur pied. Il y avait une pente très abrupte sous l'eau. Hrólfr avait de l'eau jusqu'à la taille mais Jolgeirr n'avait pas pied. Alors, Hrólfr le prit par les épaules, le précipita sous l'eau et l'y maintint jusqu'à ce qu'il le noie.

Hrólfr monta à terre, il était fort épuisé. Tous les hommes de Jolgeirr le remercièrent de cette action et dirent que c'était un homme remarquable pour avoir pu vaincre un pareil berserkr.

Hrólfr dit : « Vous voudrez sans doute me prendre pour chef à la place de Jolgeirr et je ne serai pas pire pour vous. Je veux maintenant vous faire savoir qui je suis, car je m'appelle Hrólfr, et Sturlaugr est mon père, l'Industrieux, qui gouverne le Hringaríki en Norvège. »

Ils lui firent tous bel accueil et dirent que les nobles parents ne lui faisaient pas défaut pour être un très grand champion. Ils tinrent conseil et y décidèrent de devenir hommes de Hrólfr et de le prendre pour capitaine du bateau. Hrólfr n'épargna pas le bien que Jolgeirr avait amassé et leur versa de grandes soldes. Il fut rapidement populaire auprès d'eux. Ils livrèrent force batailles et Hrólfr remporta toujours la victoire.

Lorsque vint l'automne, ils repartirent de l'Est. Hrólfr dit qu'ils se dirigeraient vers le Danemark. Ils arrivèrent, tard en automne, en Jutland, à courte distance de la ville du jarl Þorgnýr. Ils mouillèrent dans une baie retirée, amarrèrent leur bateau et montèrent les tentes.

Hrólfr dit à ses hommes d'attendre là qu'il revienne – « Il faut que je quitte tout seul le bateau pour voir ce qui se passe. »

7. Hrólfr est chargé de la défense territoriale de Þorgnýr

On dit qu'un jour, en Jutland, alors que Þorgnýr était à table en train de boire, les portes de la halle s'ouvrirent et un homme entra. Il était à la fois gros et grand. Il portait un long manteau de fourrure et tenait une grande lance à la main. Tous ceux qui étaient à l'intérieur s'émerveillèrent de sa taille. Il se présenta devant le jarl et le salua respectueusement. Le jarl lui retourna ses salutations et demanda quel homme il était.

Il dit : « Je m'appelle Hrólfr, mon père s'appelle Sturlaugr, qui règne sur le Hringaríki. Je suis venu ici parce que je veux voir comment vous vivez, car on m'a dit que tu es un grand chef. »

Le jarl dit : « Je connais fort bien ta famille et tes origines et tu es certes le bienvenu dans mon royaume.

J'accepte tout ce que tu voudras demander et qu'il nous sied d'accorder, sinon, combien d'hommes veux-tu pour te servir quotidiennement ? »

Hrólfr dit : « Il y a quatre-vingts hommes sur mon bateau, ce sont eux qui m'accompagneront et j'ai suffisamment d'argent pour défrayer nos dépenses. Je veux un château non loin de vous pour y mettre mes hommes et monter la garde de votre territoire, si vous le voulez. »

Le jarl dit : « Merci de ta venue, toutes les choses dont tu penses qu'elles accroîtront ton honneur sont à ta disposition. »

Hrólfr remercia le jarl de ses propos. Puis il alla trouver ses hommes. Le jarl leur remit la charge d'un château. Hrólfr y resta en paix et traita bien ses hommes, mais il fut longtemps en expéditions guerrières pour défendre valeureusement les États du jarl. Il y eut bonne amitié entre Stefnir et Hrólfr. Björn le Conseiller aussi était en excellents termes avec Hrólfr. Un moment s'écoula sans qu'il se passe d'événements notables.

8. Bataille contre Tryggvi et Vazi

On mentionne un homme, Tryggvi, qui était fils d'Úlfkell. Il était originaire du Bukansiða en Écosse. C'était un très grand champion et berserkr. Il était en mer avec quantité de bateaux, hiver comme été. Il avait un frère juré qui s'appelait Vazi. C'était aussi un vrai *tröll*[45], tant par la taille que par la force. Þorgnýr

45. Un tröll est un affreux géant, il n'a rien à voir avec les trolls (sans tréma sur le « o ») norvégiens que nous connaissons.

avait tué le père de Tryggvi alors qu'il était en expédition viking. Tryggvi avait à présent acquis douze bateaux, tous bien pourvus d'hommes et d'armes. Il dirigea cette armée vers le Danemark, voulant venger son père du jarl Þorgnýr. Étaient avec lui Vazi et maint autre champion.

Quand ils arrivèrent dans les États du jarl Þorgnýr, ils se comportèrent avec grande vaillance et dévalisèrent les lieux habités, tuant les gens et pillant tout le bien qu'ils trouvaient. Lorsque le jarl apprit ces nouvelles, il fit tailler la flèche de guerre et convoqua une armée, mais comme il était vieux, il institua Hrólfr et Stefnir comme chefs de cette troupe. C'était le second hiver que Hrólfr passait au Danemark.

Hrólfr et les siens se portèrent donc contre Tryggvi. Ils avaient dix bateaux. Ils se rencontrèrent près d'une île inhabitée. Il n'y eut pas grandes salutations et la bataille éclata aussitôt. Tryggvi et Vazi avaient un grand *dreki*[46]. Ils étaient fort féroces. Il n'était pas facile d'attaquer le dreki en raison de la hauteur de son bordage. Son équipage jetait des pierres depuis le dreki sur Hrólfr et ses hommes. Beaucoup d'hommes de Stefnir périrent, et beaucoup furent blessés, et la bataille tourna à leur désavantage. Stefnir et Hrólfr portaient les manteaux qui venaient de Véfreyja, les armes n'avaient pas prise sur eux. Ils disposèrent leur bateau contre le dreki et attaquèrent avec véhémence. Hrólfr avait la lance qui lui venait d'Atli et

46. Je laisse le mot tel quel. *Dreki* signifie dragon. Un bateau viking avait une figure de proue (amovible) sculptée à l'image d'un animal ou d'un monstre. Ce dernier était de préférence un dragon. Par métonymie, on appelait le bateau, non pas « mon knörr » ou « mon langskip », mais « mon dragon ». Notre inepte mot *drakkar* vient de là.

un gros gourdin de chêne en dessous de la ceinture. Stefnir tenait une excellente épée, c'était un homme d'une vaillance extrême.

Au moment où la bataille était à son comble, Hrólfr bondit à l'avant du bateau. Il fit de grands ravages, donnant si fortement de la lance que ceux qui se trouvaient devant tombaient, ou bien il les transperçait. Stefnir courut aussitôt derrière lui en frappant des deux mains. Ils débarrassèrent rapidement l'avant du bateau. Alors, ils revinrent vers l'arrière en suivant chacun un bordage et tous les ennemis se replièrent autour de la voile. La journée était fort avancée.

Quand Tryggvi et Vazi virent cela, ils attaquèrent ferme. Vazi avait une hallebarde et Tryggvi une hache. Hrólfr affronta Vazi, chacun décocha un coup à l'autre. La hallebarde arriva dans le bouclier de Hrólfr, elle le fendit complètement, mais Hrólfr ne fut pas blessé. Vazi interposa son bouclier devant le coup, et la lance glissa pour atteindre la cuisse, ce fut une grande blessure. Vazi frappa le manche de la lance. Hrólfr saisit alors son gourdin et s'en défendit. Il mit complètement en pièces le bouclier de Vazi. Ils se battirent longtemps, jusqu'à ce que Hrólfr casse le manche de la hallebarde. Sur ce, Vazi se jeta sur Hrólfr et il s'en fallut de peu qu'il ne tombât. Hrólfr jeta son gourdin et fit face. Leur lutte fut longue et rude. Hrólfr eut l'impression de n'avoir jamais eu affaire à un homme plus fort, de ceux qui n'avaient qu'une seule forme[47]. Pour finir,

47. Vazi est un berserkr, donc susceptible d'entrer dans une fureur magique qui dédouble ses forces. En ce dernier cas, il a plus qu'une seule forme *(« hann er eigi einhamr »)*.

Hrólfr parvint à le passer par-dessus le plat-bord et lui brisa l'échine.

Stefnir et Tryggvi s'étaient battus pendant tout ce temps-là. Stefnir était accablé d'épuisement et de rudes horions, mais il n'était pas blessé. Tryggvi était grièvement blessé. Hrólfr se précipita jusqu'à lui, ce que voyant, Tryggvi ne voulut pas l'attendre et se hâta de passer par-dessus bord. On ne put se mettre à sa recherche en raison de l'obscurité. On abandonna la bataille. On fit grâce à tous ceux qui restaient. De part et d'autre, ils avaient six bateaux complètement dévastés. Ils firent un grand butin et revinrent chez eux dans cet état.

Le jarl remercia bien Hrólfr de son courage. Ils ne trouvèrent pas Tryggvi cette fois-là, et c'est ainsi qu'ils se quittèrent, lui et Hrólfr.

9. Des frères Hrafn et Krákr

Il se fit qu'un jour, comme il arrivait souvent, deux inconnus entrèrent dans la halle. Ils étaient grands et forts, mais guère équipés en fait d'armes et de vêtements. Ils se présentèrent au jarl et le saluèrent. Il leur rendit leurs salutations et leur demanda leur nom.

Le plus grand dit : « Nous sommes frères. Je m'appelle Hrafn et mon frère, Krákr, nous sommes Flamands.

– Il faut qu'ils soient en peine de beaux noms, dit le jarl, si de si vaillants hommes doivent s'appeler de la sorte [48]. »

48. Les prénoms zoophoriques étaient la banalité même dans cette culture. Ici, *hrafn* = « corbeau » et *krákr* = « corneille ».

Hrafn dit : « Nous voudrions recevoir l'hospitalité ici pour cet hiver, car on nous dit que tu es aimable pour les gens qui viennent de loin. »

Le jarl dit qu'ils seraient les bienvenus et leur assigna des places à côté de l'homme assis dans le haut-siège, en venant du dehors, sur le banc du milieu [49]. Ils furent bien traités par le jarl. Ils ne trouvèrent pas grande joie ou divertissement parmi les autres hommes. On jouait là souvent au *knattleikr* [50]. Nombre d'hommes invitèrent les frères à venir au jeu. Ils disaient toujours qu'ils avaient pris part à des jeux et qu'on les avait trouvés plutôt difficiles à traiter. Les hommes du jarl répondaient qu'ils n'avaient qu'à se porter responsables pour eux-mêmes, quoi qu'il arrive.

Le lendemain matin, les frères prirent part au jeu et eurent la balle la plupart du temps ce jour-là. Ils poussaient les gens, les précipitant brutalement à terre et en frappant certains. Le soir, il y en avait trois à avoir le bras cassé et maints autres étaient contusionnés ou mutilés. Les hommes du jarl trouvèrent qu'on leur avait fait la partie dure. Cela dura quelques jours. Ils prirent le parti de demander à Stefnir, le fils du jarl, de venir jouer et de redresser un peu leur affaire.

49. Cette société était incroyablement pointilleuse sur le chapitre des bienséances. La place où l'on siégeait avait une importance extrême et il fallait prendre garde de ne pas blesser les susceptibilités. La grande salle (la « halle ») était rectangulaire et pouvait comporter plusieurs rangées de bancs parallèles. Les places situées au milieu de ces bancs étaient réservées au maître de maison et à ses invités les plus importants. On jouissait d'autant plus de considération que l'on était assis au plus près de ces places-là.

50. Un jeu de balle où l'on se lançait une boule de cuir remplie de crin. C'est l'ancêtre du cricket, du base-ball et de notre thèque. Ce « jeu » était d'une grande brutalité et dégénérait souvent.

Il accepta et, le lendemain matin, Stefnir alla au terrain de jeu, mais dès que Hrafn le vit, il dit : « Es-tu si fort que tu ne peux prendre part aux jeux avec les autres, ou bien te crois-tu si grand que personne n'osera t'affronter au jeu ? »

Stefnir dit : « Je ne suis ni si fort ni si arrogant que je ne puisse prendre part aux jeux. »

Hrafn dit : « Alors, je t'invite à jouer dans un délai de trois jours avec l'homme que tu choisiras pour t'assister, contre nous autres, les frères, si tu t'y risques. »

Stefnir dit : « Assurément, tu vas savoir que je viendrai au jeu. »

Il s'en alla ensuite, fit prendre un cheval et chevaucha jusqu'à ce qu'il arrive au château de Hrólfr. C'était le second hiver que Hrólfr était au Danemark. Dès qu'il sut que Stefnir était arrivé, il alla au-devant de lui et lui fit très joyeux accueil. Ils s'assirent pour boire.

Stefnir dit : « Je suis venu ici pour te demander de venir au jeu avec moi contre les invités de mon père de cet hiver, qui s'appellent Krákr et Hrafn. »

Hrólfr dit : « On me dit qu'ils ont mutilé maint homme, qu'ils en ont tué quelques-uns, et qu'ils sont très forts. Mais moi, je ne m'entends pas aux jeux. J'irai quand même avec vous si vous le voulez. »

Ils allèrent donc à la ville. Le jarl fit bel accueil à Hrólfr. Le lendemain, Hrólfr et Stefnir se rendirent au terrain de jeux. Les frères étaient arrivés aussi. Hrafn prit la balle, et Krákr, la batte, et ils jouèrent selon leur coutume. Le jarl était sur un siège et regardait le jeu. Quand ils eurent joué un moment, Hrólfr attrapa la balle. Il arracha la batte à Krákr et la remit à Stefnir. Ils jouèrent de la sorte si longtemps que les frères ne parvinrent pas à obtenir la balle.

Il se trouva que, Hrafn courant après la balle, un homme lui fit un croc-en-jambe de sorte qu'il tomba, un homme jeune et aimant plaisanter avec les autres, un parent du jarl. Hrafn fut fort fâché et se releva rapidement, empoigna celui qui l'avait fait tomber, le souleva et le précipita par terre sur la tête, si bien qu'il lui rompit le cou. Le jarl héla ses hommes et leur ordonna de s'emparer de Hrafn et de le tuer. Hrólfr bondit alors sur Hrafn et s'empara de lui. D'autre part, Krákr et Stefnir en décousaient. Hrólfr interdit à quiconque d'intervenir. Ils n'eurent pas à lutter longtemps non plus pour que Hrólfr étreigne Hrafn contre sa poitrine et le précipite par terre, si bien qu'il resta longtemps évanoui, la peau de ses omoplates s'étant détachée.

Quand Hrafn retrouva ses esprits, Hrólfr alla à lui et dit : « Je vois que tu as des yeux de noble homme, et je vous prie, Sire, de faire grâce à ces hommes, car je sais qu'ils sont de grande famille. »

Stefnir avait aussi battu Krákr et il demanda à son père d'accorder à Hrólfr ce qu'il demandait. Le jarl fut longtemps très fâché, pourtant il leur fit trêve sur la requête de Hrólfr et de Stefnir. Les frères étaient tout roides. Ils s'en allèrent en silence et se rendirent à leur appartement. Ils n'allèrent pas à table ce soir-là.

On abandonna donc le jeu et les gens s'en allèrent boire. Hrólfr dit à Stefnir : « Tu vas prendre le meilleur tissu que nous possédions, et tu le remettras à Þóra, ta sœur, elle fera des habits pour les frères et qu'ils soient prêts pour demain de bonne heure. »

C'est ce que fit Stefnir, il alla trouver Þóra avec le tissu et lui dit ce qu'il fallait faire. Puis il s'en fut, et elle se mit à confectionner les habits. La nuit s'écoula, et le lendemain matin de bonne heure, Þóra envoya les habits à Hrólfr, ils étaient terminés. Il les prit et se rendit à l'appartement des frères. Il vit qu'ils étaient couchés.

Hrólfr dit : « Pourquoi le corbeau s'envole si tard, alors qu'il y a de la charogne à foison, et que les aigles et autres oiseaux de proie ont mangé tout leur content ? »

Hrafn dit : « On ne peut guère voler quand on a les ailes rognées ou blessées. »

Hrólfr prit les vêtements et les leur jeta, puis s'en alla. Pour les frères, ils prirent les habits, les mirent et s'en allèrent à table. L'hiver passa de la sorte. On ne dit pas que Hrafn et Krákr aient remercié Hrólfr pour les habits ni pour leur avoir accordé la vie ; ils furent pourtant bien traités. Au début de l'été, ils disparurent si bien que nul ne sut ce qu'il était advenu d'eux, et leur comportement parut étrange.

Hrólfr s'en fut en expédition guerrière pendant l'été ainsi que Stefnir et ils eurent abondance de biens et bonne réputation. Ils revinrent chez eux en automne, sains et saufs, et l'on ne dit rien de leurs hauts faits.

10. Vœu solennel du jarl Þorgnýr

Cet été-là, Hrólfr fut chez le jarl Þorgnýr, tenu en grand honneur. Un jour d'automne, alors que le jarl Þorgnýr siégeait sur le tertre de sa reine et que l'on donnait un jeu pour lui, une hirondelle vola au-dessus de lui et laissa tomber sur ses genoux une écharpe de soie, puis s'en fut. Le jarl prit l'écharpe et quand il la défit, il vit dedans un cheveu humain si long qu'il avait la hauteur d'un homme et la couleur de l'or. Le soir, le jarl alla à table. Il montra le cheveu que l'hirondelle avait laissé tomber. La plupart des gens pensèrent que ce devait être un cheveu de femme.

Le jarl dit : « Je fais le vœu d'épouser la femme à laquelle appartient ce cheveu, ou sinon de mourir, si je sais dans quelle ville chercher ou de quel pays elle est. »

Tout le monde trouva ce vœu solennel important, et l'on échangea des regards.

Quelques nuits plus tard, le jarl convoqua un *þing*[51] important. Il se leva, annonça son vœu et demanda si quelqu'un savait quoi que ce fût sur cette femme, et où il fallait la chercher. On montra également le cheveu, pour le cas où quelqu'un l'identifierait.

Björn le Conseiller dit : « Je parlerai et agirai avec joie, sire, pour que vous et votre royaume soient honorés et estimés plutôt que d'être objets de honte ou d'abaissement. Je tiens ton vœu pour important et je crois que cette femme ne t'est pas destinée, mais je devinerai de plus près où elle est, bien que je n'aie pas fait d'enquête là-dessus : il y avait un roi qui s'appelait Hreggviðr, il régnait sur le Garðaríki. Il avait une fille qui s'appelait Ingigerðr. C'était la plus belle des femmes et la plus accomplie en toutes choses. On m'a dit en vérité qu'il n'est pas dans les pays du Nord femme plus accomplie et qui ait des cheveux plus beaux et abondants qu'elle, et j'ai le

51. Le *þing*, institution typiquement germanique ancienne, est à la fois une assemblée législative des hommes libres et un tribunal.

pressentiment que ce cheveu lui appartient, quel que soit l'artifice par lequel il vous est parvenu. Vous devez avoir appris que le roi Hreggviðr est tombé devant le roi Eirekr et ce qu'il est advenu de la princesse ? Elle est censée trouver un homme capable de se mesurer en tournoi contre Sörkvir, le champion du roi, et se délivrer de la sorte. Je pense que rares sont ceux qui seront ardents de le faire, considérant celui avec lequel il faudra se mesurer. Et même si quelqu'un parvenait à désarçonner Sörkvir, il me semble qu'il ne serait pas facile de faire sortir la princesse de Garðaríki. »

Tous ceux qui étaient présents pensèrent qu'il en serait comme Björn le disait.

11. Hrólfr se charge de la mission

Le jarl Þorgnýr se tut un moment après le discours de Björn, puis dit : « À l'homme qui voudra aller en Garðaríki et affronter Sörkvir, puis qui obtiendra cette fille pour mon compte, je donnerai Þóra, ma fille, ainsi que le tiers de mon royaume. Pour cette expédition, je n'épargnerai ni les bateaux ni les hommes à l'intention de quiconque voudra la faire. »

Tous les hommes se turent à ce discours, et personne ne répondit au jarl, jusqu'à ce que Hrólfr se lève et dise : « Il est mauvais de ne rien répondre à un chef tel que nous en avons un, et en raison, sire, du fait que je suis resté un certain temps chez vous, tenu en bonne estime, et que j'ai reçu de vous maintes bonnes choses, je ferai cette expédition et chercherai à obtenir la princesse, ou sinon, je mourrai. Si je revenais de ce voyage, vous donneriez en mariage votre fille à qui vous voudriez, car elle mérite un excellent parti, et quant à moi, je n'ai pas envie de me marier. »

Le roi fit de grands remerciements à Hrólfr et le pria d'avoir une troupe aussi grande qu'il le voulait, mais Hrólfr déclara qu'il ne voulait de personne, « car on a moins cure de s'emparer d'un seul homme que de plusieurs, où que l'on aille ».

Stefnir s'offrit d'aller avec lui, mais Hrólfr ne voulut pas, et le þing fut dissous. Hrólfr s'en fut dans son château, et chacun chez soi.

12. Rencontre de Hrólfr et de Vilhjálmr

Peu de temps après, Hrólfr disparut de son château de sorte que personne n'entendit parler de lui, et ses hommes restèrent là. Il portait le manteau qui lui venait de Véfreyja et avait la lance d'Atli. Il portait sur le dos un arc et un carquois.

On ne dit pas quel chemin il prit, mais alors qu'il était presque sorti de Danemark, il se fit, un jour, qu'il vit un homme marchant. Il était de grande taille et armé de pied en cap. Il avait une épée dégainée et suivait le chemin de Hrólfr, qui salua cet homme et lui demanda son nom.

Il dit : « Je m'appelle Vilhjálmr mais je n'ai cure de te rapporter qui sont mes parents. Et tu vas choisir entre deux choses : ou bien tu me dis qui tu es, où tu veux aller et pour quelles raisons, ou bien je te tue et tu n'iras pas plus loin. »

Hrólfr dit : « Ce n'est pas la peine de me faire des conditions si dures, s'il faut en découdre, je ne m'attends à rien de moins bien que toi. »

Vilhjálmr frappa Hrólfr de son épée, mais Hrólfr para de sa lance et le coup ne mordit pas. Hrólfr jeta la lance et attaqua Vilhjálmr qui fit face, et leur lutte fut longue avant que Vilhjálmr tombe.

Hrólfr dit : « À présent, tu es en mon pouvoir. Tu vas me dire quel est ton but et de quel pays tu viens. »

Il dit : « Ma famille est de Danemark. Je suis fils d'un *bóndi*[52], j'avais l'intention d'aller en Garðaríki, de fracturer le tertre du roi Hreggviðr, de m'emparer de ses armes, et d'acquérir ainsi Gyða, la sœur du roi Eirekr. Maintenant, j'aimerais entrer à ton service. Je suis bien doué en maintes choses, car je suis à la fois sage et bien parlant. Tu ferais mieux de me laisser la vie. Je te servirai fidèlement. Tu tireras profit de moi. »

Hrólfr dit : « Tu es un bel homme et certes, je n'ai cure de te tuer si tu veux me suivre, mais ton regard n'inspire pas confiance. »

Hrólfr l'aida à se relever et lui dit toute sa confiance ainsi que les circonstances de son expédition. Ils allèrent donc leur chemin. Le cheval de Vilhjálmr était à courte distance de lui. Vilhjálmr ne supportait pas de marcher tout armé. C'était un homme fort magnifique en fait de vêtements et de harnais. Vilhjálmr indiqua constamment le chemin tant qu'ils allèrent par le Danemark.

52. *Bondi* s'applique à tout homme libre, propriétaire de ses biens et susceptible de récapituler son lignage sur un certain nombre de générations. Rendre le mot par « paysan », qui est l'acception moderne de *bonde*, est une erreur.

13. Vilhjálmr trahit Hrólfr

Un jour, ils aperçurent une grande et imposante ferme devant eux. Vilhjálmr dit : « Ici, dans cette ferme, nous allons être bien logés ce soir, car le propriétaire est un de mes parents qui s'appelle Ölvir et c'est un excellent bóndi, il a force valets. »

Lorsqu'ils arrivèrent à la ferme, le bóndi vint au-devant d'eux et fit bel accueil à Vilhjálmr ainsi qu'à Hrólfr, et il demanda qui était cet homme de grande taille.

Vilhjálmr dit : « Il s'appelle Hrólfr, et c'est mon maître. Il est grand et fort, de bonne famille et c'est un grand champion. »

Le bóndi les invita tous les deux à boire. Il y avait là beaucoup d'affranchis. Vilhjálmr ne voulait se fier à personne d'autre qu'à lui-même pour servir Hrólfr et il ne cessait de le louer. Il y avait là excellente bière et grande liesse. La soirée s'écoula de la sorte. Ils continuèrent de boire longtemps et lorsque Hrólfr fut ivre, il voulut aller dormir. On lui prépara un lit magnifique. Il se débarrassa de ses vêtements, se coucha et s'endormit rapidement.

Mais lorsque la nuit s'écoula, Hrólfr se réveilla, et ce n'était pas d'un bon rêve, car il avait bras et pieds liés et était fermement attaché à une poutre. Il était déshabillé et on l'avait porté devant un grand feu. Se tenaient devant lui Vilhjálmr, son valet, le bóndi et tous les hommes de sa maison.

Vilhjálmr dit : « Il se trouve, Hrólfr, que maintenant je suis plus fort que toi, tu ne t'y serais pas attendu il y a un moment. Il faut choisir entre deux choses : l'une est que tu sois brûlé ici dans ce bûcher de sorte que jamais tu ne verras le soleil, ou bien que tu me suives en Garðaríki et me servir en toutes choses, tu m'appelleras ton maître et confirmeras tout ce que je dirai sur mon propre compte. Tu exécuteras toutes les tâches qui me seront imposées jusqu'à ce que le roi m'accorde en mariage Gyða, sa sœur, ensuite, tu seras libre de ne plus être à mon service. Jamais tu ne te vengeras de ce déshonneur sur moi non plus que sur aucun des hommes qui sont ici, et tu vas jurer d'accomplir tout ce que j'ai stipulé, sinon, tu vas brûler sur-le-champ. »

Hrólfr dit alors : « Étant donné que l'on me donne une chance d'éviter un jour la brimade de te servir, je préfère accepter que de perdre la vie, car je sais que je n'accomplirai guère la mission du jarl si je meurs ici. Je veux stipuler aussi que tu ne diras pas mes intentions ni qui je suis, sinon, notre association sera complètement dissoute. »

Vilhjálmr déclara qu'il en serait ainsi. On détacha donc Hrólfr, il prêta serment, selon la coutume de l'époque. Hrólfr servit donc Vilhjálmr et fit mine de ne pas en être affecté. Ils quittèrent Ölvir, Vilhjálmr chevaucha et Hrólfr mena son cheval. Ils allèrent par la Svíþjód[53] et de là en Garðaríki. On ne précise pas quel chemin ils prirent, avant d'arriver à Aldeigjuborg[54]. Le roi Eirekr siégeait dans la ville, c'était au début de l'hiver. Ils trouvèrent un logement et allèrent ensuite se présenter au roi.

53. C'est le nom de la Suède : nation des Svíar.

54. Il est clair, et c'est l'un des traits remarquables du présent texte, que l'auteur est au courant des itinéraires des vikings et de leurs successeurs. La célèbre Route de l'Est *(austrvegr)* partait du fond du golfe de Finlande pour arriver à Constantinople en passant par diverses étapes, dont une au nord du lac Ladoga, en un lieu qui s'appelle, en slave, Staraïa Ladoga (soit : « vieux ladoga ») et en vieux norois, Aldeigjuborg (où il entre également une idée de « vieux », dans *ald-*).

14. Vilhjálmr énumère ses talents

C'était à l'heure où le roi était à table. Ils le saluèrent, il leur rendit leurs salutations et demanda qui ils étaient.

Vilhjálmr dit : « Je m'appelle Vilhjálmr et voici mon valet qui m'accompagne, il s'appelle Hrólfr. Je suis le fils d'un jarl de Frisland, mais j'ai dû fuir le pays parce que les gens eux-mêmes de cette contrée m'ont trahi et m'ont expulsé. Je suis venu ici parce que j'ai entendu parler de votre magnificence et de votre magnanimité, et je voudrais obtenir l'hospitalité ici pour l'hiver. »

Le roi dit : « Je n'épargnerai pas la nourriture pour vous, et tu dois avoir de grands talents ? »

Vilhjálmr dit : « Je maîtrise bien des talents, et le premier est que je suis si puissant que jamais la force ne me fait défaut. En second lieu, je suis plus rapide que tous les animaux, quadrupèdes compris.

– Capacité utile aux voleurs, dit le roi, mais elle est souvent utile. »

Vilhjálmr dit : « Ne me manquent pas l'art de tirer, l'habileté aux armes, le talent de nager et de jouer aux tables ou de jouter en tournoi, la sagesse et l'éloquence, rien de ce qui rehausse un homme ne me fait défaut.

– J'entends, dit le roi, que l'art de te promouvoir ne te fait pas défaut. Dis maintenant tes talents, Hrólfr, car je ne lui fais pas moins confiance qu'à toi. »

Hrólfr dit : « Je ne puis les énumérer, sire, car il n'y en a pas.

– Les choses sont bien inégalement réparties entre vous, dit le roi, si l'un a tous les talents et l'autre, aucun. Asseyez-vous sur le banc inférieur, au milieu.

– À vous de décider, sire, dit Vilhjálmr, mais jamais encore je n'ai eu une place aussi méprisable. »

Ils allèrent s'asseoir ensuite. Sörkvir et Brynjólfr n'étaient pas à la maison à ce moment-là. Ils étaient allés avec Grímr Ægir en Jötunheimr. Vilhjálmr et Hrólfr furent là bien traités. Vilhjálmr faisait l'important en tout, mais Hrólfr était toujours silencieux et taciturne et ne prenait point de part aux jeux avec les autres. Vilhjálmr aussi s'abstenait fort de montrer ses talents. Or le roi était grand chasseur, il prenait plaisir à chasser avec sa hirð. Il était en repos depuis qu'il était arrivé en Garðaríki, car la plupart n'avaient nulle envie de guerroyer dans ses États en raison des champions qui étaient avec lui, surtout à cause des charmes et sorcelleries de Grímr Ægir.

15. Hrólfr et le cerf

Un jour, le roi Eirekr s'en fut dans la forêt avec sa hirð, selon sa coutume, pour chasser les animaux et tirer des oiseaux. Ils virent un grand cerf, et beau. Ils ne pensaient pas avoir vu bête plus belle. Beaucoup tenaient que ce devait être un animal apprivoisé parce que tous ses bois étaient couverts de gravures incrustées d'or ; il y avait un ruban argenté entre les bois. Y pendaient deux anneaux d'or. Autour de l'encolure, il y avait une chaîne d'argent portant dans le bas une clochette d'argent qui faisait grand bruit dès que le cerf courait ou bougeait. Le roi voulut attraper ce cerf et ordonna de détacher tous les chiens, et il fut fait ainsi. Les hommes se mirent à chevaucher autant qu'ils purent, mais il échappa furieusement aux chiens et ils ne purent en approcher. Ils le pourchassèrent toute la journée, mais le soir, quand vint l'obscurité, ils ne savaient plus ce qu'il était advenu de lui. Il en fut ainsi trois jours durant : ils trouvaient le cerf et ne parvenaient pas à l'atteindre.

Le soir, lorsque le roi vint à table et que ses hommes se furent assis, il dit : « Il ne nous semble guère, Vilhjálmr, que tu manifestes tes talents, car tu ne réjouis ni ne divertis aucunement les autres, et tu ne viens pas dans la forêt avec nous. »

Vilhjálmr dit : « Ce ne m'est guère une joie, sire, de mettre mes capacités à l'épreuve contre vos hommes parce que je n'en vois aucun ici qui s'y connaisse en exercices physiques. Il faut dire aussi que je laissais toujours les autres me fournir de la venaison lorsque je siégeais dans mes États. »

Le roi dit : « Nous avons chassé un cerf trois jours durant, et nous n'avons pu l'attraper, mais si toi, tu l'attrapes et nous le remets vivant avec tous ses ornements, je te donnerai Gyða, ma sœur, et un grand pouvoir, parce que je n'ai jamais rien vu que je voudrais posséder davantage que ce cerf. Tu dois bien pouvoir faire cela si tu as le pied aussi véloce que tu l'as dit. En outre, tu devras accomplir deux autres choses que je t'imposerai. J'accroîtrai ton honneur en tous points et, avec mon soutien, tu recouvreras le royaume que tu as perdu. S'il est quelque autre de mes hommes qui parvient à faire cela, il bénéficiera du même marché. »

Vilhjálmr dit alors : « Il se trouve à la fois, sire, que personne ne peut faire cela en dehors de moi et que par ailleurs, vous m'avez choisi pour cela. Je vais l'accomplir, ou sinon, je mourrai. »

Ils s'engagèrent là-dessus en se serrant les mains comme c'était la coutume. Hrólfr n'y prêta aucune attention. Ensuite, on alla dormir et l'on se reposa. Hrólfr servait Vilhjálmr en toutes choses, comme on l'a déjà dit.

Le lendemain matin de bonne heure, Vilhjálmr et Hrólfr se levèrent et se préparèrent à se mettre en quête du cerf. Ils se rendirent dans la forêt et virent tout de suite où était le cerf. Vilhjálmr se mit à courir, allant aussi vite que l'oiseau qui vole. Mais le cerf accélérait d'autant plus. Hrólfr se traînait derrière Vilhjálmr, lequel lui parut rapide en premier lieu. Ils coururent de la sorte longtemps, Hrólfr venant toujours derrière et Vilhjálmr devant, jusqu'à ce qu'il se jette par terre en disant : « Il n'y a aucune chance de conquérir femme, argent ou royaume s'il faut se tuer à la course pour cela. »

Sur ce, Hrólfr arriva sur Vilhjálmr et demanda pourquoi il laissait échapper le cerf.

Vilhjálmr dit : « Je peux bien courir davantage si je veux, mais il me semble que tu es tenu de capturer la bête et d'accomplir toutes les tâches en vertu de nos accords, si tu en es capable. »

Hrólfr ne répondit rien et se mit à la poursuite de la bête, la pourchassant longtemps, jusqu'à ce qu'il la rattrape parce que le cerf s'épuisait fort.

Ils arrivèrent, tard, à une clairière. Le jour était écoulé. Au milieu de la clairière se dressait une éminence. Elle était et large et haute. La clairière était belle et couverte un peu partout d'herbe épaisse. Lorsque Hrólfr arriva auprès de l'éminence, elle s'ouvrit et il en fit le tour.

Alors sortit une femme en manteau bleu retenu par des lanières, elle portait une lumière et dit :

« Bien mauvaise besogne, Hrólfr, que d'être esclave de cet esclave et en outre en train de voler le bien d'autrui, car c'est moi qui possède cet animal que tu veux prendre et tu ne l'attraperas jamais à moins que je le veuille. Maintenant, je vais te donner l'occasion de prendre la bête. Tu vas entrer dans le monticule avec moi. J'ai une fille et il lui a été assigné par le destin de ne pas parvenir à se délivrer de son fœtus à moins qu'un être humain ne pose la main sur elle. Voilà dix-neuf jours qu'elle gît sur le sol sans parvenir à accoucher. Si j'ai envoyé le cerf à portée de votre vue, c'est que je savais que vous voudriez l'attraper et le chasser jusqu'ici. J'ai confiance que tu auras le cœur de venir avec moi dans le monticule, mais le roi ne jouira pas du cerf même si on le lui amène. »

Hrólfr dit : « Je ferai cela d'entrer dans le monticule avec toi si j'obtiens le cerf pour l'amener au roi, mais je n'ai cure de ce qu'il adviendra de lui ensuite. »

La femme-alfe[55] se réjouit de cela, et ils entrèrent dans le monticule. Il y avait là de belles pièces fort plaisantes à regarder, et force choses lui parurent étranges. Il arriva à l'endroit où gisait la femme, qui n'était guère en bonne condition. Mais dès que Hrólfr passa la main sur elle, elle accoucha rapidement. La mère et la fille le remercièrent en belles paroles et lui souhaitèrent bonne chance.

55. Voici de nouveau un personnage comme inévitable dans les sagas légendaires. On prendra garde toutefois qu'il ne s'agit pas de l'elfe de nos traditions romantiques. *Alfr* en vieux norois, au demeurant terme mal connu, renvoie à une créature surnaturelle de grande ampleur, puisque certains textes mythologiques mettent les alfes à égalité avec les deux grandes familles de dieux, les Ases et les Vanes. C'est tout ce que l'on peut savoir d'eux. Il semble que les *alfar* (pluriel d'*alfr*) aient régenté plus particulièrement nos facultés mentales...

La femme-alfe dit : « Tu ne seras pas récompensé comme tu le mériterais pour avoir rendu la santé à ma fille, mais voici une bague d'or que je veux te donner. Tu en auras besoin lorsque tu te rendras au tertre de Hreggviðr, car si tu la portes au doigt, tu ne pourras t'égarer ni de nuit ni de jour, ni en mer ni sur terre, quelle que soit l'obscurité dans laquelle tu te trouveras, et tu accompliras toutes les tâches qui te seront imposées. Mais tu ne devras pas faire confiance à Vilhjálmr dès que tu seras séparé de lui. Car c'est avec joie qu'il te verrait voué à mourir[56]. »

Hrólfr la remercia, et ils sortirent du monticule. Elle prit le cerf, Hrólfr se le mit sur le dos et estima fort sa beauté. Lui et la femme-alfe se donnèrent l'au revoir. Il reprit le chemin de chez lui, jusqu'à ce qu'il trouve Vilhjálmr, lequel fit bel accueil à Hrólfr et lui ordonna de porter le cerf à la porte de la ville. C'est ce que fit Hrólfr, mais il ne dit pas à Vilhjálmr comment il s'était emparé du cerf. Ils arrivèrent à la ville tard le soir alors que le roi était à table.

Vilhjálmr dit : « Nous allons entrer dans la halle et je porterai le cerf devant le roi ; pour toi, tu confirmeras mon histoire de sorte que le roi croie ce que je dirai. »

Vilhjálmr s'empara du cerf, se le mit sur le dos et ses genoux se dérobèrent sous lui. Pourtant, il parvint à porter l'animal dans la halle, devant le roi, et le jeta sur le sol.

Il respirait fort péniblement, et dit : « À présent, j'estime avoir fait ce qu'il faut pour épouser votre sœur : voici le cerf, et il n'y en a pas beaucoup qui

56. *Feigr*, dit en effet la femme-alfe ; le terme signifie : « qui est voué par le sort à mort prochaine ».

vous offriront de devenir votre beau-frère et qui pourraient avoir accompli de pareilles choses. »

Le roi dit : « Je ne suis pas d'avis que ce soit toi qui aies attrapé ce cerf, et il faudra que tu accomplisses d'autres actions renommées avant que tu n'obtiennes ma sœur.

— Vous n'avez pas besoin de soupçonner mon renom, car je suis supérieur à la plupart des hommes. Hrólfr, mon valet, le sait qui était bien loin de moi lorsque je pris le cerf. »

Hrólfr dit : « Il se fait, et que je fus inutile à Vilhjálmr et qu'il ne s'est pas épargné. »

Vilhjálmr dit : « Je veux agir seul parce que j'entends recevoir la récompense seul. Et que voulez-vous m'imposer d'autre, car je suis prêt à l'accomplir ? »

Le roi dit : « Tu vas te rendre au tertre de Hreggviðr et y chercher les armes du roi Hreggviðr, et c'est là une petite épreuve. »

Vilhjálmr dit : « Voici que vous voulez ma mort, car personne qui soit allé là-bas n'en est revenu.

— Certes, je veux, dit le roi, que tu reviennes, mais il est vrai que personne n'est revenu que j'aie envoyé là-bas. Les objets de prix qui sont dans le tertre me manquent beaucoup. Et celui-là seul épousera ma sœur qui sera plus renommé que les autres hommes. »

Vilhjálmr dit : « Je ferai cela, car je ne trouve pas difficile de dévaliser un mort pour gagner une femme. »

Vilhjálmr se rendit à son siège et la conversation cessa.

16. Hrólfr s'empare des objets de prix de Hreggviðr

Quelques jours plus tard, une nuit, Hrólfr saisit la jambe de Vilhjálmr et dit : « Il est temps de gagner la femme et d'aller au tertre. »

Vilhjálmr se leva promptement, Hrólfr était habillé, il avait le manteau qui lui venait de Véfreyja et la lance d'Atli. Vilhjálmr était tout armé. Il était à cheval et Hrólfr marchait devant sa monture. Ils allèrent de la sorte jusqu'à ce qu'une forêt se présente avec un sentier abondamment foulé. Il y avait peu de temps qu'ils allaient qu'une tempête se déchaîna contre eux avec rafales de neige et gelée, si forte que Vilhjálmr ne parvint pas à rester en selle. Hrólfr mena le cheval et Vilhjálmr suivit un moment jusqu'à ce que la tourmente devienne si puissante que le cheval ne parvint plus à marcher et que Hrólfr le traîna à plat sur le dos en s'appuyant sur sa lance. Ayant jeté un coup d'œil en arrière, il vit que Vilhjálmr avait disparu et que le cheval était mort depuis longtemps. Il quitta là le cheval et poursuivit son chemin. La tempête était si forte que les chênes se brisaient et leurs troncs finissaient au loin. Hrólfr reçut fréquemment de grands coups qui auraient valu le trépas à la plupart des gens, outre les éclairs et le tonnerre, si bien qu'il pensa que sa mort serait venue si son manteau ne l'avait protégé. Cela dura toute la nuit, jusqu'au point du jour. À l'aube, une grande puanteur l'assaillit, et il aurait péri asphyxié si le capuchon de son manteau ne l'avait protégé. Il crut comprendre que cette tempête avait dû tuer les messagers du roi et que ce devait être une tourmente magique. Il estimait aussi n'avoir jamais été mis à pareille épreuve. Mais lorsqu'il fit grand jour, la tempête cessa et il y eut temps calme. La puanteur disparut. Hrólfr vit alors un tertre haut comme une montagne, entouré d'une palissade. Il saisit l'un des poteaux de la palissade et se jeta par-dessus pour passer à l'intérieur, gravit ensuite le tertre, lequel lui parut bien difficile à fracturer.

Alors qu'il regardait alentour, il vit, du côté nord du tertre, un homme de grande taille, en royaux atours. Il alla vers lui, le salua en lui donnant le titre de roi et lui demanda son nom.

L'autre dit : « Je suis Hreggviðr et j'habite ce tertre avec mes champions, et tu es le bienvenu ici, mais tu sauras, Hrólfr, que ce n'est pas moi qui ai provoqué cette tempête et cette puanteur, non plus que les autres merveilles, et je n'ai pas tué d'hommes. Ce sont Sörkvir et Grímr Ægir qui sont causes de tout, et qui ont provoqué la mort des hommes du roi. Pourtant, la sagesse leur fait parfois défaut lorsque l'enjeu est d'importance, et s'ils savaient que tu es ici, ils voudraient ta mort. C'est moi qui ai pris l'apparence d'une hirondelle pour aller trouver le jarl Þorgnýr avec un cheveu d'Ingigerðr, ma fille, car je savais que, seul des hommes du jarl, tu te mettrais à sa recherche et que, d'eux tous, tu serais le seul à la délivrer, si la chance t'accompagnait. Je préférerais que ce fût toi qui l'épouses si tu veux jouter contre Sörkvir, car ne te manquent ni le courage ni la vaillance, et Grímr lui a juré que personne ne le vaincrait hormis celui qui aurait mon armure. C'est pour cela que ce tertre a été rendu invincible, et les difficultés pour y parvenir sont telles parce qu'il considérait que personne ne devrait pouvoir obtenir cette armure.

À présent, je vais te remettre toutes les choses qui sont dans le tertre et que tu veux avoir. Je vais te donner deux armures semblables l'une à l'autre si ce n'est que leurs propriétés sont différentes. Tu remettras au roi celle qui est la moins bonne, mais l'autre, ne la montre à personne avant que tu en aies besoin, et de l'épée, prends grand soin, parce qu'on n'en voit pas beaucoup de pareilles. Ingigerðr, ma fille, garde toutes mes armes de tournois ainsi que le cheval Dulcifal qui, à maints égards, est différent de la plupart des autres. C'est lui que tu monteras lorsque tu affronteras Sörkvir, et tu es certain de remporter la victoire si tu parviens à t'emparer de lui. La lance et le bouclier resteront fidèles à leur nature. À Vilhjálmr, tu ne feras pas confiance non plus une fois que tu ne seras plus à son service, car il te trahira s'il le peut. Tu dois vouloir tenir tes serments, mais plus tôt il sera mis à mort, mieux ce sera, sinon, il sera un grand danger pour toi. »

Après cela, Hreggviðr remit à Hrólfr les objets de prix et les armes, et enfin, il ôta de son cou son collier.

Hreggviðr dit alors : « Il m'a été assigné de pouvoir sortir trois fois de mon tertre et il ne sera pas nécessaire de le recouvrir, sauf la dernière fois. Tu n'auras pas d'ennuis sur ton chemin de retour. Maintenant, au revoir, et que tout aille selon ta volonté et ton désir. Si tu reviens en Garðaríki, viens me voir si tu as besoin d'aide. »

Hreggviðr disparut dans son tertre, et Hrólfr prit les objets de prix et les conserva. Il partit ensuite du tertre et revint par le même chemin, ne notant aucune merveille. Quand il sortit de la forêt, Vilhjálmr vint à ses devants. Il avait rampé sous les racines des arbres et était resté allongé là pendant toute la tempête. À peine s'il pouvait parler en raison du froid.

II flatta fort Hrólfr et dit : « On ne pourra jamais trouver de mots pour dire ta renommée et la chance qui nous accompagne, alors que le tertre a été fracturé et que l'on en a enlevé or et objets de prix. Je vois également que rien ne peut nous arrêter et pourtant, ce fut une rude tempête, à tel point que c'est à peine si j'ai pu en réchapper. J'estime être maintenant en mesure d'épouser la sœur du roi. Tu vas me confier les objets de valeur et les armes, car je veux les remettre moi-même au roi. »

Hrólfr dit : « Tu ne veux pas faire grand-chose pour ton renom et tu me récompenses mal d'avoir mis ma vie en péril à cause de toi. Prends les objets de valeur et remets-les au roi ; mais je tiendrai la parole que je t'ai donnée et me porterai garant de ton histoire bien que tu ne le mérites pas. »

Hrólfr avait caché une des deux armures dans la forêt et Vilhjálmr ne la vit pas.

Ils allèrent leur chemin jusqu'à ce qu'ils trouvent le roi. Il était à table en train de dîner. Vilhjálmr salua le roi et fit mine d'être bien épuisé. Tous les hommes de la halle restèrent interdits de leur retour.

Vilhjálmr dit : « Assurément, je ne croyais guère que tout cela pût entraîner plus d'épreuves, car Hreggviðr est un très grand sorcier en raison de sa magie, et le tertre fut bien difficile à fracturer. J'en ai décousu toute la nuit avec le roi Hreggviðr. Je me suis mis en grand péril avant d'obtenir cette armure. »

Il prit alors l'épée et le collier, les posa sur la table devant le roi. Celui-ci dit : « Certes, on est allé chercher ces objets de valeur, bien qu'ils me paraissent en plus mauvais état qu'avant, en dehors du collier, qui est intact. Mais je crois que c'est Hrólfr qui est allé les chercher, pas toi. »

Hrólfr dit : « Je vous déclare que je ne suis pas allé dans le tertre, et vous pouvez tenir mes paroles pour vraies, car je ne me serais pas opposé à recevoir de pareils honneurs, ou d'autres, si j'en avais eu latitude. »

Vilhjálmr dit : « Je m'étonne, sire, que vous mettiez en doute mon récit, ma vaillance et mon courage viril. On peut en faire l'épreuve tout de suite ici : que Hrólfr et moi nous mesurions, il restera bien loin de moi, en premier lieu pour la raison qu'il ne supporte pas de voir du sang humain, et lorsque je suis entré dans le tertre de Hreggviðr, il était censé tenir la corde, mais quand il a entendu le vacarme et les grands coups dans le tertre, il a eu tellement peur qu'il a lâché la corde. Ce qui m'a secouru, c'est que j'avais mis un bout de la corde autour d'une grosse pierre, et je me suis hissé hors du tertre à la force de mes bras. »

Le roi répond : « Je fais confiance, Hrólfr, à ses propos. Ces objets de valeur ne seraient pas ici si l'on n'était allé les chercher dans le tertre. »

Le roi fit soigneusement conserver les armes, pensant que cela ne ferait pas de mal à Sörkvir.

On dit qu'une nuit, le cerf disparut, de sorte que ceux qui devaient le garder ne s'en aperçurent pas. Le roi tint cela pour une très grande perte. On le chercha partout, on ne le trouva pas. Hrólfr estima que c'était la femme-alfe qui devait être venue le chercher. Vilhjálmr était fort satisfait de lui-même et conversait constamment avec la sœur du roi, ils s'entendaient bien. Il ne se privait pas de se vanter en toutes choses. L'hiver s'écoula jusqu'à *Jól*[57], et rien ne se passa.

17. De l'expédition guerrière de Sóti

On nomme un roi, Menelaus. Il gouvernait le royaume de Tattaría. C'était un roi puissant et très important. On tient que la Tattaría est le plus grand et le plus riche en or des royaumes de l'Orient. Les gens y sont grands et forts et rudes à la bataille. Dépendaient du roi Menelaus beaucoup de rois et d'hommes de haut rang.

On dit qu'entre le Garðaríki et la Tattaría il y a une île qui s'appelle Heðinsey. Elle est placée sous l'autorité d'un jarl. Les savants disent que le roi Heðinn Hjarrandason fit de cette île sa première escale alors qu'il naviguait vers le Danemark en venant d'Indialand. C'est de là, de lui, que l'île tire son nom depuis[58]. Pour cette île se battaient constamment le roi de Tattaría et celui de Garðaríki, bien qu'elle dépendît de la couronne de Tattaría. Le roi Eirekr avait guerroyé sur cette île avant d'arriver en Garðaríki, il y avait fait de grands ravages.

57. Il s'agit des fêtes du solstice d'hiver, certainement le rite le plus important qu'ait connu cette culture. Il avait pour but de célébrer la fertilité-fécondité. Ces festivités duraient deux semaines. Le terme «*Jul*» s'applique aujourd'hui à Noël.

58. L'auteur fait sans doute allusion à l'un des récits légendaires les plus célèbres de cette littérature, la *Saga de Heðinn et de Högni*, encore appelée le *Dit de Sörli* (voyez la traduction complète dans *Les Sagas miniatures*, p. 277-292). Ce texte est célèbre parce qu'il met en scène un motif particulièrement riche, la bataille éternelle – éventuellement entre partisans des deux rois, l'enjeu étant une femme, Hildr, dont le nom signifie « bataille », mais en fait, et si l'on remonte très loin dans le temps, entre vivants et morts.

Le roi Menelaus avait institué sur cette île l'homme qui s'appelait Sóti. Il était originaire de là par sa mère, mais par son père, il provenait du royaume de Holmgarðr[59]. Sóti n'était pas au pays lorsque le roi Eirekr y vint. Sóti était un vrai tröll par la force et la taille. Son apparence convenait à son nom[60]. Il guerroyait en divers lieux et remportait toujours la victoire. Il avait une vieille nourrice versée dans la magie. Elle lui avait donné un bain qui faisait qu'ensuite, le fer n'avait pas prise sur lui. Aussi allait-il à la bataille sans protection. Elle lui avait dit également que cet automne-là, l'occasion de se venger du roi Eirekr serait excellente, car les champions de celui-ci n'étaient pas au pays. Ce que sachant, Sóti s'en alla trouver le roi Menelaus et obtint de lui une grande force. Puis il se dirigea sur le Garðaríki. Il avait des milliers de guerriers. Était avec lui un homme qui s'appelait Norðri. Il était grand et fort, c'était lui qui portait son étendard et c'était un très grand champion.

Lorsque le roi Eirekr apprit que Sóti était arrivé dans le pays avec une grande armée, il fit tailler et envoyer dans toutes les directions la flèche de guerre et ordonna à quiconque le pouvait de venir le rejoindre, et il assembla une grande quantité de gens.

Le roi Eirekr convoqua Vilhjálmr et dit : « Tu as accompli à présent deux choses que je t'ai imposées mais je ne sais pas si c'est toi qui as fait cela. Maintenant, tu vas accomplir la troisième chose de sorte que je sois présent, c'est de tuer le berserkr Sóti. Je ne m'opposerai pas à ce que tu épouses ma sœur si

59. Novgorod.
60. Le nom *Sóti* signifie : « d'un rouge de suie », « brun foncé ».

tu fais cela correctement. Je tiendrai tous les accords dont nous avons parlé précédemment. »

Vilhjálmr dit : « Je suis prêt à affronter Sóti. Il me paraît bon que vous puissiez voir maintenant quel héros je suis. Vous allez me choisir toutes les armes les meilleures et le cheval le plus solide que vous possédez, car je vais le mettre fort à l'épreuve avant que cette bataille s'achève. »

On fit ce que Vilhjálmr demandait. Hrólfr l'accompagna, à pied selon son habitude. Le roi s'en fut avec son armée jusqu'à ce qu'il rencontre Sóti. Il y avait là une plaine avec une forêt épaisse de l'autre côté. De part et d'autre, on se prépara pour la bataille, une grande armée était rassemblée là. Il y eut grande sonnerie de *lúðr*[61], puis les ordres de bataille se mirent en marche en poussant, de part et d'autre, le cri de guerre.

18. Hrólfr vainc Sóti

Le roi Eirekr était à la pointe de son ordre de bataille et avança vaillamment au début de l'assaut. Sóti aussi avait disposé, en face, ses hommes en ordre de bataille. Ce fut le plus rude des combats et de part et d'autre, on progressa comme il faut. Mais dès que la bataille commença, Vilhjálmr chevaucha vers la forêt, dans une clairière.

Hrólfr dit : « Il te revient maintenant, Vilhjálmr, de t'avancer, de conquérir la femme et de tuer Sóti. »

61. Il semble que le *ludr*, moderne *lur*, ait été le seul instrument de musique spécifique qu'ait connu cette culture. Il s'agissait d'une longue trompe, un peu semblable à l'*alpenhorn* suisse.

Vilhjálmr dit : « Pour la femme et le royaume, qu'il en soit ce que le destin décidera, mais pour rien au monde je ne risquerai ma vie dans une pareille bataille, et à quoi bon une vierge ou un royaume si je perds la vie ? Voici une bonne occasion de te libérer de servitude et d'esclavage. Prends mes armes et mon cheval, attaque Sóti et tue-le, sinon tu devras me servir toute ta vie. »

Hrólfr prit donc le cheval et les armes de Vilhjálmr et se rendit à la bataille. Celle-ci était fort meurtrière et elle tournait contre le roi Eirekr, car les gens de Tattaría attaquaient rudement. Sóti et Norðri faisaient grands ravages et tout cédait devant eux. Sóti avait une hallebarde pour combattre, et il frappait d'estoc et de taille tour à tour. Norðri avait une excellente épée et progressait rudement. Le roi Eirekr avait attaqué avec grande ardeur au plus épais des rangs de Sóti, jusqu'à ce que Norðri parvienne en face de lui avec force hommes de Tattaría. Ils attaquèrent ferme le roi. Nombre de ses hommes tombèrent alors, si bien qu'il se trouvait en pleine détresse parmi ses ennemis. Hrólfr avançait avec les armes de Vilhjálmr si rudement que les rangs de Sóti cédaient devant lui. Il frappait d'estoc et de taille, des deux mains, abattant maints hommes, jusqu'à ce qu'il arrive en face du roi Eirekr. Hrólfr tua là plus de trente hommes.

Ce que voyant, Sóti fut extrêmement mécontent et il se tourna vers l'endroit où se trouvait Hrólfr, lui décochant un coup de sa hallebarde. De son bouclier, Hrólfr para le coup, il assena en revanche un horion de sa lance, mais l'arme ne mordit pas et se brisa à hauteur de la douille. Des deux mains, Sóti frappa Hrólfr d'estoc. Le coup arriva au milieu du bouclier, le mettant en pièces, puis sur le cheval devant le garrot, de sorte que l'épée s'enfonça dans le sol. Hrólfr se trouva alors à pied, fort épuisé parce qu'il s'était battu d'ardeur toute la journée. Le roi Eirekr se battait contre Norðri. Leur combat était rude. Hrólfr trancha alors la tête du cheval de Sóti. Ils se retrouvaient tous les deux à pied. Sóti assena un coup à Hrólfr, mais celui-ci esquiva et la hallebarde s'enfonça dans le sol à hauteur des mains de Hrólfr. Ce dernier frappa des deux mains l'épaule de Sóti, si bien que l'épée se mit en pièces devant la garde. Hrólfr était fort fâché, il bondit sur Sóti, lui plongea dans la tête la pointe de la garde de son épée de sorte qu'elle s'enfonça dans la cervelle, et contre cela, Sóti ne put rien faire. Il tomba à terre et mourut aussitôt. Le roi Eirekr avait à ce moment-là tué Norðri. La déroute se mit dans les rangs des gens de Tattaría, chacun courut tant qu'il put, le roi Eirekr les poursuivit avec ses hommes, et ils tuèrent chacun de ceux qu'ils atteignirent. Ils firent un gros butin en or et en argent, en armes, habits et autres objets de prix.

Hrólfr ne voulut pas pourchasser les fuyards. Il prit un cheval, sauta en selle et se rendit dans la forêt trouver Vilhjálmr pour lui dire comment les choses s'étaient passées. Il demanda à Vilhjálmr de prendre ce cheval et ses armes – « agissons vaillamment et occupons-nous de préparer la noce. »

Vilhjálmr dit : « Nous avons bien combattu et mes conseils ainsi que ma sagacité sont de grande valeur pour avoir tant accompli. Il faut que je sois un homme de renom. »

Hrólfr sourit à ces propos et dit considérer que Vilhjálmr n'avait pas fait grand-chose pour acquérir du renom. Vilhjálmr monta à cheval et s'en alla tout armé voir Gyða, la sœur du roi, lui parlant d'abondance de sa bravoure et de sa vaillance. Le roi Eirekr était arrivé chez lui, il était allé boire dans sa halle.

Vilhjálmr alla se présenter au roi, le salua et dit : « Il s'en serait fallu de peu pour vous aujourd'hui, sire, si je ne vous avais pas aidé. Ce n'est plus la peine à présent de douter de moi ou de ce que je peux faire, car rien ne m'est impossible. »

Le roi dit : « Je pense, Vilhjálmr, que les armes et l'armure sont à toi, mais que les bras sont à Hrólfr. »

Hrólfr dit : « Je crois que ce serait volontiers que j'épouserais ta sœur et m'attribuerais à juste titre les prouesses de Vilhjálmr, mais je suis bien loin de mentir en m'attribuant des honneurs pour des choses que je n'ai pas faites et que je ne suis pas né pour posséder. »

Vilhjálmr dit : « Les gens qui s'enquièrent trouveront étrange, sire, que vous révoquiez en doute mon renom et ma vaillance ; trouvez-vous plus honorable qu'un jouvenceau descendant de bouseux, comme l'est Hrólfr, ait fait tout cela et épouse votre sœur : on l'estimera impropre à devenir un excellent chef, à gouverner le peuple ou à se promouvoir. Pour moi, j'ai le titre de jarl et je suis fils de jarl, je descends d'une famille de rois, j'ai belle allure et suis brave, homme excellent en tous points, j'ai tout ce qui sied à un noble homme. Mais si vous ne voulez pas de ces fiançailles et de ce mariage, dont nous sommes convenus, je m'en irai et répandrai votre déshonneur dans chaque pays, disant que vous m'avez couvert d'infamie en manquant à votre parole et à votre foi. On dit dans mon pays que toute fille de roi serait pleinement honorée de m'épouser. »

Le roi Eirekr dit : « Il ne sera pas dit que je me serais mesquinement conduit envers toi, et je tiendrai tous mes engagements, mais je m'étonne que Hrólfr ne me sorte jamais de l'esprit lorsqu'il s'agit de votre conduite et de vos façons de faire, car je n'ai pas l'impression que vous en soyez convenus ainsi. »

Ils cessèrent cette conversation, le roi fit préparer les noces et l'on fit un banquet magnifique. Lors de ce festin, Vilhjálmr épousa Gyða, sœur du roi Eirekr, et elle ne fit aucune objection. Vilhjálmr eut maints hommes à son service et fit très fort l'important.

19. Hrólfr abandonne le service de Vilhjálmr

Un matin de bonne heure, Hrólfr entra dans le pavillon où Vilhjálmr dormait, il alla jusqu'au lit et dit : « Il se trouve, Vilhjálmr, que tu es devenu le beau-frère du roi, et moi, je t'ai servi tout le temps. Je dénonce maintenant mon service et déclare rompus tous nos engagements. Tu dois être satisfait que nous nous quittions de la sorte. J'estime plus ma valeur que tes mérites. »

Ensuite, Hrólfr s'en alla et Vilhjálmr en fut fort ébahi. Gyða demanda pourquoi Hrólfr s'en allait si vite et pour quelle raison il avait parlé de la sorte.

Vilhjálmr dit : « Il entre dans sa nature de ne jamais vouloir demeurer au même endroit plus d'un mois ou deux, s'il peut en décider. Il a fallu que je lui fasse longtemps peur pour qu'il reste. La preuve est faite que celui-là qui l'a à son service le regrette, car en tout, il est malintentionné. C'est à la fois un voleur et un malfaiteur et je ne sais pas si je ne serais pas enclin à le faire tuer ici en pays étranger.

Toutefois, il fera bientôt valoir quel homme il est, car il récompense toujours mal ceux qui lui font du bien. »

Ils cessèrent cet entretien. Le banquet se poursuivit fort bien.

On dit que les rescapés de l'armée de Sóti firent voile pour rentrer au royaume de Tattaría, ayant subi de grandes pertes. Le roi Menelaus trouva que leur expédition avait mal tourné, mais il fallut bien que l'on en reste là.

Tôt au printemps, Sörkvir et Brynjólfr arrivèrent de Jötunheimr et remirent au roi Eirekr force trésors comme on en voit peu. Eux et Grímr Ægir avaient livré maintes batailles et toujours remporté la victoire. Hrólfr était dans la hirð du roi, il n'était pas en bons termes avec eux tous, Sörkvir, Brynjólfr et Vilhjálmr. Mais il s'entendait bien avec ses voisins de siège parce qu'il donnait constamment de l'argent des deux mains tandis qu'il n'avait fait de bien à personne alors qu'il était chez Vilhjálmr. C'était le troisième hiver que la princesse devait trouver un homme pour jouter en tournoi contre Sörkvir, et le roi Eirekr était satisfait de lui-même, car il considérait que la princesse ne trouverait personne.

20. Ingigerðr choisit Hrólfr

Peu après, des messagers de la fille du roi vinrent trouver le roi Eirekr pour dire qu'elle demandait qu'il fît convoquer un þing très nombreux : lors de ce þing, elle voulait choisir un homme pour tournoyer contre Sörkvir, mais si elle n'en trouvait aucun qui voulût l'entreprendre, elle irait avec le roi conformément à ce qui avait été stipulé entre eux et à leurs accords. Ce message rendit le roi fort joyeux, il estima avoir la pucelle à sa portée. Il fit donc convoquer ce þing et inviter là, en nombre, le tout-venant, dans les villes et les châteaux et dans les districts voisins, tout comme la fille du roi avait convoqué à venir à elle les hommes d'élite les plus vaillants de sa partie du royaume. Maint homme y vint aussi sans y avoir été invité parce que beaucoup étaient curieux de voir comment les choses se passeraient. Tous étaient fort anxieux pour elle.

Le þing fut tenu à courte distance du château de la princesse Ingigerðr. Le roi Eirekr y vint avec une grande suite. Étaient là, avec lui, Sörkvir, Brynjólfr et Vilhjálmr, son beau-frère, et ils faisaient tous les importants. Hrólfr aussi était là, portant les armes de Hreggviðr, mais on ne prêtait guère attention à lui. Une grande foule s'était donc assemblée. Les gens étaient placés à ce þing de telle sorte que des rangées de sièges avaient été disposées en cercles avec un passage pour circuler. Vilhjálmr était assis tout à côté du roi, puis Sörkvir, puis Brynjólfr ; les autres hommes de rang trouvèrent une place. Hrólfr était placé à l'extérieur du dernier cercle, et très bas.

Les choses ayant été arrangées de la sorte, la princesse Ingigerðr s'en fut au þing, si belle et désirable qu'il n'était pas possible d'exagérer sur le compte de sa beauté. Tous les hommes la regardaient, hormis Hrólfr. Lui ne la regarda pas et il tira son chapeau devant son visage. La princesse passa devant chaque homme en le regardant dans les yeux. Elle parcourut ainsi le premier cercle, puis le second. Pour finir, elle arriva à l'endroit où siégeait Hrólfr, elle lui saisit la main, mais il resta assis comme devant.

Elle releva alors le capuchon de son manteau et dit : « Il n'y a pas grand choix parmi les hommes, ici, et c'est celui-là que je choisis pour jouter en tournoi contre Sörkvir, et cet homme-là va venir avec moi s'il le veut. »

Hrólfr dit : « Tu fais un choix parfaitement stupide, car je ne m'entends pas à chevaucher seul de sorte de ne pas tomber. Et j'ai peur aussi quand on me fait des grimaces. »

La princesse dit : « Je ne t'ai jamais vu encore, mais tu ne te déroberas pas si je peux en décider. »

Le roi Eirekr dit : « Je pensais, princesse, que tu choisirais un homme de ce pays-ci, mais pas un étranger. Hrólfr est valet de Vilhjálmr et c'est l'un de mes hommes. Il est donc libre de refuser. »

Hrólfr dit : « Je ne suis le valet de personne ici, en ce pays. Et certes, je vais accéder à la première prière de la fille de roi si elle estime en être tant soit peu plus libre qu'avant. »

Puis Hrólfr se leva et alla au château chez la princesse, ainsi que tous les hommes de celle-ci. Elle assit Hrólfr sur le haut-siège et lui prodigua honneurs et joies.

Le roi Eirekr alla du þing à un autre château, il était fort sinistre. La plupart des gens s'étonnaient que la princesse eût choisi l'homme qui risquait d'être le plus sévèrement vaincu. Le roi regrettait fort d'avoir accordé cela à la princesse, il demanda à Sörkvir de faire de son mieux et de ne pas épargner les artifices qu'il pourrait utiliser – « cet homme m'a toujours accablé l'esprit. Tu vas bien conserver l'armure qui vient de Hreggviðr pour qu'elle ne puisse nous faire de mal. »

Hrólfr était donc au château auprès de la fille du

roi, tenu en grande liesse, et il lui dit sa mission de la part du jarl. Elle déclara qu'elle savait fort bien déjà cela et qu'elle ferait en sorte « que je m'en aille d'ici avec toi, et je te tiendrai pour celui qui méritera le plus de jouir de moi si tu me délivres du pouvoir des ennemis ». Ils se quittèrent sur ces mots.

Le lendemain matin, Hrólfr fut de bonne heure sur pied, il mit l'armure qui venait de Hreggviðr et se ceignit de l'excellente épée. La princesse lui remit la lance et le bouclier qu'avait possédés son père. Elle lui demanda d'aller chercher le cheval Dulcifal. On l'avait mis dans un solide enclos avec nombre de chevaux. Il mordait, ruait et tuait force chevaux. Hrólfr alla à la grille et frappa son bouclier de sa lance. Dulcifal alla à Hrólfr et la lance et le bouclier chantaient tellement que tous ceux qui étaient auprès trouvèrent que c'était grande merveille. Hrólfr prit le cheval, le sella et l'enfourcha agilement, d'un bond, avec toute son armure. Pour Dulcifal, il courut et fit un saut par-dessus les grilles qu'il n'effleura même pas, puis il avança par la plaine. Sörkvir aussi était arrivé en lice, ainsi que le roi, Vilhjálmr, Brynjólfr et une grande foule.

21. Tournoi de Hrólfr contre Sörkvir

Chacun dispose sa lance pour l'attaque, ils se portent l'un contre l'autre aussi rudement que le peuvent leurs chevaux. De part et d'autre, ils chargent avec grande violence. La lance de Sörkvir arrive dans le bouclier de Hrólfr mais glisse, et Hrólfr enlève d'un coup le heaume de Sörkvir. Hrólfr avait achevé sa charge que Sörkvir n'en était qu'aux deux tiers de sa course. Dulcifal ne veut pas s'arrêter et fait volte-face, Sörkvir n'a pas fait le quart du chemin qu'ils se rencontrent. De nouveau, chacun charge l'autre, et il en va comme la précédente fois, Sörkvir ne parvient à rien mais il perd son bouclier. Ils s'attaquent pour la troisième fois. Dulcifal va comme oiseau qui vole jusqu'à ce qu'ils se rencontrent. Hrólfr vise Sörkvir en sorte que le coup se fixe dans la broigne, il le désarçonne, chevauche avec lui en travers de la lice jusqu'à ce qu'il le jette dans une fosse puante de sorte que Sörkvir se rompt le cou. Alors, Dulcifal se tient tranquille, comme s'il était planté en terre. La fille du roi se réjouit fort ainsi que tous les gens du pays.

Quand le roi Eirekr vit cela, il fut excessivement fâché, il ordonna à tous ses hommes d'encercler Hrólfr et de le tuer au plus vite, disant que si on le laissait libre maintenant, il ferait des choses pires ensuite. On fit comme le roi le disait, on attaqua Hrólfr de tous côtés. Mais quand Dulcifal vit cela, il se cambra, battant des jambes de devant et mordant à mort maints hommes. Ses yeux avaient l'air de caillots de sang, on eût cru que du feu lui sortait des naseaux et de la bouche. Il s'en fut courant de la sorte en fracassant des hommes sous lui. Hrólfr ne resta pas tranquille en selle non plus. Il éprouva l'épée qui venait de Hreggviðr. Il frappait d'estoc et de taille, des deux mains, chevaux et hommes. Quiconque se trouvait devant lui était certain de mourir. Tous prenaient la fuite. Hrólfr chevaucha jusqu'à l'endroit où se trouvait le roi, mais il s'était échappé. Hrólfr occit plus d'une centaine d'hommes avant de parvenir dans la forêt ; il était épuisé mais pas blessé. Le roi Eirekr estima avoir souffert une grande perte et il s'en fut dans son château le soir, très morose.

Ce même soir, la princesse se fit fort agréable envers ses hommes et les traita généreusement. Elle enivra si bien toutes ses dames de compagnie qu'elles tombèrent endormies et lorsque la nuit était peu avancée, Hrólfr vint au château trouver la fille du roi et lui demanda de se préparer à voyager avec lui. Elle déclara y être prête. Hrólfr emporta deux grands coffres, les bijoux de la princesse s'y trouvaient. Ils montèrent tous les deux Dulcifal et allèrent leur chemin. On ne relate pas où ils allèrent et combien de temps ils furent en route, mais ils chevauchèrent de nuit plus que de jour.

22. Le vœu de Vilhjálmr

Il faut parler maintenant du roi Eirekr. Il s'éveille au matin, ordonne à ses hommes de s'armer et de se mettre à la recherche de Hrólfr. C'est ce qui fut fait, ils le cherchèrent trois jours et ne le trouvèrent pas. Le roi fit chercher alors dans le château de la princesse, elle en était partie si bien que nul ne savait ce qu'il était advenu d'elle. Le roi conçut grande crainte de tout cela et il était fort fâché.

Il dit à Vilhjálmr : « Je vois que tu m'as menti sur tout, tant sur ton compte que sur celui de Hrólfr. On peut voir maintenant que c'est un tout autre homme que celui que tu as dit. Je vois que c'est Hrólfr qui est allé dans le tertre, pas toi. Il a pris la bonne armure et moi, celle qui n'a aucune utilité. On voit bien qu'il est des hommes de grande classe, mais toi, tu es un traître sans valeur, un couillon dans chaque fibre. Tu as su toute son intention et tu n'as pas osé me le dire. Je considère que tu ne possèdes aucun royaume ou autres excellentes choses, et je te crois, à tous égards, né d'un esclave bouseux. Tu mériterais que je te fasse pendre à la potence pour fausseté et trahison, envers ma sœur et moi, et c'est cette mort qui t'attend, même si elle n'advient pas tout de suite. »

À ces propos du roi, Vilhjálmr eut grand peur et dit : « Je vais promptement manifester quel homme je suis. Je monte sur cette souche et je fais le vœu de ne pas revenir dans le lit de Gyða, ta sœur, avant d'avoir mis à mort Hrólfr et de vous avoir rapporté, à toi et à la princesse, sa tête. Je n'aurai en cela le renfort de personne non plus que l'assistance. »

Vilhjálmr prit ses armes et son cheval et s'en fut au plus vite, et il se mit à la poursuite de Hrólfr. Pour le roi Eirekr, il demeura en Garðaríki, considérant que les choses allaient fort mal.

23. De Möndull et de ses artifices

La saga revient maintenant au Danemark, chez le jarl Þorgnýr et ses hommes, et ce même automne où Hrólfr s'en fut en Garðaríki, le jarl se rendit par son royaume à des banquets[62], selon sa coutume.

Un jour, un inconnu se présenta au jarl et dit se nommer Möndull Pattason. Il déclara avoir voyagé un peu partout en pays étrangers et avoir bien des choses à dire, tout en ayant acquis grand renom. Il

62. C'est bien le mot qu'emploie le texte. Mais en fait, il s'agissait chez les souverains et plus tard chez les dignitaires de l'Église de faire le tour de leurs sujets les plus importants, qui étaient tenus de les accueillir : le mot *veizla*, proprement « banquet », qui figure ici, s'applique à cet usage.

était de petite taille et fort trapu, beau de visage; il avait de gros yeux saillants. Le jarl fit bel accueil à cet homme et le pria de rester chez lui. L'homme accepta. Il divertissait fréquemment le jarl en racontant maintes histoires sensées. Il se fit que le jarl le prit en grande affection, qu'il le convoquait pour chacune de ses affaires, et Möndull conversait avec lui nuit et jour, si bien que le jarl en oubliait le gouvernement de ses États.

Un jour, le Conseiller Björn vint, comme d'habitude, se présenter au jarl Þorgnýr et lui reprocha de faire d'un inconnu son homme de confiance: ces entretiens étaient tellement inconvenants qu'à cause d'eux, il ne s'occupait pas de son royaume. Ces propos de Björn fâchèrent le jarl qui dit qu'il ferait ce que bon lui plairait, quoi que Björn dît. Möndull entendit les propos de Björn mais ne se manifesta pas. Björn débita encore maints propos véridiques puis s'en alla.

Björn possédait une maison en ville près de la résidence du jarl, et un autre domaine en dehors de la cité, comme on l'a dit précédemment. Un jour, Möndull s'en vint à la résidence de Björn alors qu'il n'était pas chez lui, non plus que personne d'autre en dehors d'Ingibjörg, sa femme. Il lui conta fleurette et elle fit bel accueil à cela. On en vint au point qu'il chercha à coucher avec elle, prodiguant pour ce faire maintes belles paroles. Il lui offrit d'accepter de lui force objets précieux tout en blâmant constamment Björn, disant que ce n'était pas un homme. Cela courrouça fort Ingibjörg qui lui répondit avec mépris, disant que jamais elle n'irait avec lui. Möndull sortit alors d'en dessous de son manteau une cruche et lui demanda de prendre de cette boisson en signe de réconciliation, mais elle donna un coup sous la cruche et le contenu rejaillit dans le visage de Möndull.

Cela fâcha celui-ci, qui dit : « Nous ne nous quitterons pas, toi et Björn, ton mari, avant que je ne vous aie récompensés selon vos mérites pour le déshonneur que vous m'avez fait, à la fois en paroles et en actes. »

Ensuite, il s'en alla et se présenta au jarl Þorgnýr, disant : « Je voudrais, sire, que vous condescendiez à accepter de moi une ceinture que j'ai héritée de mon père. » Il la posa devant le jarl, sur la table. Elle était tout ornementée d'or et de pierreries. Le jarl ne pensait pas avoir jamais vu objet de plus de valeur. Il le remercia, disant ne pas avoir reçu pareil don d'un homme du commun. Möndull passa là l'hiver, tenu dans la même affection, mais les rapports entre Stefnir, Björn et lui étaient froids. Le jarl était très content de la ceinture et la montrait toujours à ses amis quand il avait des banquets.

Ingibjörg, la femme de Björn, attrapa une maladie étrange pendant l'hiver. Elle était devenue toute noire comme la mort et elle ne prêtait attention à rien, comme si elle était devenue folle. Björn en était très éprouvé, car il l'aimait beaucoup.

Il se trouva, au printemps, lors d'un banquet, que la ceinture donnée par Möndull disparut. On la chercha partout, on ne la trouva pas. Le jarl estima que c'était grande perte et fit apporter grand soin à l'investigation, mais on ne la trouva pas. Le jarl demanda à Möndull ce qu'il pensait qu'elle était devenue et comment il fallait la chercher.

Möndull dit : « Il m'est difficile de désigner un homme qui l'aurait prise bien que j'estime pouvoir le deviner, mais il est vraisemblable que celui-là s'est emparé de cette ceinture qui vous a volé bien d'autres choses. Il faut que ce soit un homme puissant qui ait fait cela, un homme qui vous a toujours envié votre honneur. Mon avis, c'est que vous fassiez organiser des fouilles alors que tout le monde s'y attend le moins, et ne faites d'exception pour personne, quelle que soit sa distinction. Celui qui a pris la ceinture ne laissera pas ouvrir son coffre de son plein gré, et quel que soit celui qui l'a fait, qu'il soit à bon droit pendu à la potence. »

Le jarl estima que c'était là un bon conseil et dit qu'il en serait ainsi. Il fit rassembler tous les hommes de sa hirð et leur dit qu'il voulait fouiller le coffre de chacun, d'abord de Stefnir, son fils, et du Conseiller Björn, de sorte que les autres puissent mieux accepter. Ils déclarèrent y être prêts. C'est ce que l'on fit : Stefnir fut le premier à montrer ses coffres et on n'y trouva pas la ceinture. Puis on chercha chez Björn et chez tous ceux qui étaient dans la ville, et l'on ne put rien trouver.

Alors, Möndull dit : « Björn doit posséder d'autres coffres que ceux qui sont ici chez lui et on ne les a pas fouillés. »

Stefnir dit : « Assurément, Björn a des biens hors de la ville, mais je ne crois pas qu'il faille chercher là. »

Le jarl dit qu'il fallait chercher par là et c'est ce que l'on fit. Björn accepta que l'on fouille, comme précédemment. Möndull alla à un ancien coffre et demanda ce qu'il contenait. Björn dit qu'il n'y avait là que de vieux clous pour bateaux. Le jarl ordonna d'ouvrir. Björn chercha la clef et ne la trouva pas. Le jarl y alla, fractura le coffre et examina tout ce qu'il contenait, et sur le fond se trouvait la ceinture. Tout le monde s'en émerveilla, mais surtout Björn, car il se savait innocent.

Le jarl était fort fâché et il ordonna de se saisir de Björn. « Je vais, dit-il, te pendre à la plus haute potence dès que le matin viendra, car cet homme doit avoir déjà fait cela bien que ce soit seulement maintenant qu'il en est confondu. »

On s'empara de Björn, on le ligota fortement parce que personne n'osait s'opposer, bien qu'il ne méritât pas cela. Björn offrit de se soumettre à une ordalie selon la coutume du pays, mais le jarl ne voulut pas en entendre parler. Stefnir obtint de son père que Björn vive encore sept nuits pour le cas où il se trouverait quelque chose qui lui fût en aide ; il serait sous la garde de Möndull et ne reviendrait pas dans sa résidence. Beaucoup s'en affligeaient car Björn était fort populaire. Le jarl s'en fut à la ville avec ses hommes, et ils allèrent boire. Dès que la hirð eut goûté au premier plat et bu le premier vaisseau, toute leur amitié pour Björn disparut et tous trouvèrent qu'il était accusé à juste titre.

Möndull était au domaine de Björn et il chassa tous les hommes de sa maison. Il mit Ingibjörg dans son lit chaque nuit, sous les yeux de Björn, et elle lui prodiguait toute affection, sans se souvenir de Björn, son mari. Björn trouvait cela dur à supporter. Se passèrent de la sorte ces sept nuits dont on a parlé.

La saga retourne au point dont on s'est détourné, car on ne dira pas deux choses en même temps bien que toutes les deux se soient passées de concert.

24. Vilhjálmr trahit Hrólfr pour la deuxième fois

Il faut dire maintenant que, alors que Hrólfr et la princesse quittaient le Garðaríki, ils virent un jour un homme qui chevauchait à leur poursuite ; il était en vêtements de lin et était ceint d'une épée. Hrólfr reconnut que c'était Vilhjálmr, lequel, dès qu'il vit Hrólfr, tomba à ses pieds et lui demanda miséricorde de bien des façons – « J'ai souffert durement depuis que nous nous sommes quittés, dit Vilhjálmr, car le roi m'a fait mettre au cachot et il voulait me tuer. Je suis parvenu à m'enfuir par mes artifices, tout gelé et affamé. Me voici rendu à ta miséricorde, mon cher Hrólfr, quoi que tu veuilles faire de moi. Je ne voudrais jamais faire chose qui pourrait te déplaire, et tous les jours t'être loyal et fidèle désormais, si tu me laisses en vie et me fais revenir avec toi au Danemark. »

Hrólfr fut touché par les lamentations de Vilhjálmr et déclara ne pas daigner le tuer bien qu'il le méritât. La princesse dit que cela était malavisé, « car il a mauvais air et il s'avérera méchant ».

Vilhjálmr s'en fut donc avec eux et se fit fort obligeant, mais jamais il n'était sans danger pour lui d'approcher de Dulcifal, car celui-ci mordait Vilhjálmr et lui prodiguait des ruades s'il y parvenait.

Ils allèrent jusqu'à ce qu'ils soient à un jour de voyage de la résidence du jarl Þorgnýr. Ils avaient pris leurs quartiers pour la nuit dans une forêt et se firent un abri de branches, le soir. Hrólfr et la princesse couchaient ensemble chaque nuit avec une épée nue entre eux. Vilhjálmr piqua Hrólfr de l'épine du sommeil pendant la nuit, et le lendemain matin, il se leva de bonne heure, prit le cheval Dulcifal, le sella, seule chose que le cheval acceptait de Vilhjálmr. Hrólfr était couché en armure, le manteau qui lui venait de Véfreyja par-dessus. Ingigerðr se leva. Elle molesta Hrólfr et ne parvint pas à le réveiller, quoi qu'elle fît. Elle sortit alors de l'endroit et pleura. Vilhjálmr vit cela et demanda si elle jouissait peu de la cohabitation avec Hrólfr.

Elle dit : « Tout me plaît en lui, mais il dort si ferme que je ne parviens pas à le réveiller.

– Moi, je vais le réveiller », dit Vilhjálmr.

Il alla à la salle et la mit en pièces. Puis il trancha les deux pieds de Hrólfr et les fourra sous ses habits. Hrólfr dormait comme devant. La princesse demanda ce qui avait été cassé.

« Les jours de Hrólfr », dit Vilhjálmr.

La princesse dit : « Maudites soient ta vie et celle de celui qui a fait cette œuvre infortunée. Qu'une méchante fin t'attende. »

Vilhjálmr dit : « De ces deux conditions, prends celle que tu trouveras la meilleure. L'une est que tu viennes avec moi chez le jarl Þorgnýr et attestes ce que je dirai, car je trouve peu d'honneur à revenir en Garðaríki. L'autre est que je te tue telle que te voici. »

Elle réfléchit qu'il valait mieux ne pas choisir la mort tant qu'elle avait la possibilité de vivre, mais elle pensa qu'il n'était pas exclu que du mal advînt de Vilhjálmr. Elle dit alors qu'elle le suivrait et ne contredirait pas ce qu'il dirait s'il ne lui faisait pas de déshonneur dans ses propos. Il lui fallut prêter serment là-dessus. Vilhjálmr voulut prendre Dulcifal, mais il n'en fut pas question, car il mordait et ruait de tous côtés, de sorte qu'on ne pouvait absolument pas l'approcher, et Vilhjálmr ne put aller à Hrólfr à cause du cheval. Il ne put manipuler l'épée en raison de son poids. Hrólfr resta là gisant, et eux allèrent leur chemin. La princesse trouva pénible de s'en aller et de quitter Hrólfr, tant était misérable son état.

On ne rapporte rien de leur voyage avant qu'ils n'arrivent chez le jarl Þorgnýr. Celui-ci alla à la rencontre de la fille du roi avec tous les honneurs et liesse. Il demanda quel homme était Vilhjálmr.

Il répond : « Je suis un fils de paysan de bonne famille, ici au Danemark, et je me suis joint à Hrólfr lorsqu'il quitta le Garðaríki. Nous avons accompli maintes rudes tâches et en dernier lieu, il a vaincu Sörkvir, un champion du roi Eirekr, et l'a tué. Le roi n'a pas supporté cela et a fait saisir Hrólfr pour le tuer. Voici ses pieds que j'ai emportés pour les montrer. J'ai joint ensuite la princesse et je l'ai amenée ici. Je me suis mis en maint péril de ma vie pour vous, de même que Hrólfr. Nul n'était plus vaillant que lui, car il ne se rendit jamais avant de perdre les deux pieds. J'estime maintenant être parvenu à épouser Þóra, votre fille. Il n'y a pas de honte pour vous à m'avoir pour gendre en raison de ma famille et de ma virilité. Aussi n'est-il pas besoin de différer que nos deux noces se tiennent en même temps. »

La plupart trouvèrent vraisemblable l'histoire de Vilhjálmr et tous s'affligèrent de la mort de Hrólfr, surtout le jarl et Stefnir, son fils. Ingigerðr pleura fort. Le jarl la consola et demanda si Vilhjálmr lui avait dit vrai.

Elle dit : « Vilhjálmr ne vous aura pas menti plus qu'aux autres, et je veux vous prier de retarder les noces d'un mois. Il peut arriver maintes choses qui vous fassent changer d'avis. »

Vilhjálmr plaisait peu à Þóra également et elle fit la même requête. Ce qu'entendant, Vilhjálmr bafouilla : « Ne remettez pas la date des noces, quoi qu'elles disent, car le caractère des femmes n'a pas de sens. »

Stefnir dit : « Il sied que la princesse en décide et le délai n'est pas long. »

Vilhjálmr dit : « Il ne convient pas à un chef, dit-on, de laisser les femmes décider de leurs intentions, non plus que leur fils, si elles et lui donnent de mauvais avis. »

Stefnir se courrouça à ces propos et dit que ce seraient elles qui décideraient, mais pas Vilhjálmr, « ou bien, j'y perdrai la vie ».

Vilhjálmr déclara que ce ne serait pas une perte si Stefnir était tué. Le jarl leur ordonna de ne pas faire de cela un sujet de disputes – « toutefois, Stefnir décidera de ce dont il veut se mêler, mais toi, Vilhjálmr, tu te marieras avec ma fille, car tu l'as bien mérité. »

Stefnir prit Ingigerðr par la main et la conduisit au pavillon de sa sœur, l'enferma ensuite et conserva lui-même la clef. Les gens disent que la princesse Ingigerðr avait gardé les pieds et y avait mis des herbes qui ne pouvaient dépérir. Stefnir déplaisait fort à Vilhjálmr mais celui-ci dut se contenter des choses en cet état.

25. Möndull guérit Hrólfr

Il faut revenir maintenant à Hrólfr. Il resta étendu jusqu'au soir, comme mort, car l'épine du sommeil était dans sa tête. Vilhjálmr ne l'avait pas enlevée. Dulcifal, sellé et bridé, le gardait, jusqu'à ce qu'il aille à Hrólfr et, de la tête, le fasse rouler sur le sol. Alors, l'épine du sommeil tomba. Hrólfr se réveilla et constata que ses deux pieds étaient partis, que l'abri avait disparu, que Vilhjálmr s'en était allé ainsi que la princesse. L'épée qui venait de Hreggviðr était là. Hrólfr trouva que les choses allaient bien mal, mais pourtant, il se mit en mouvement, prit les pierres guérisseuses et les frotta sur les moignons de ses jambes. La brûlure se mit rapidement à disparaître. Il rampa jusqu'à son cheval, mais celui-ci se coucha en sorte que Hrólfr roula jusqu'à la selle. Alors, Dulcifal se remit debout. Hrólfr chevaucha jusqu'à ce qu'il arrive au domaine de Björn, son ami, car il ne voulait pas aller jusqu'à la ville et estimait qu'il y avait loin jusqu'à son propre château. Quand il arriva au domaine, Dulcifal se coucha. Hrólfr lui enleva sa bride et se coula dans les maisons. Il trouva que tout y était très riche.

Hrólfr alla dans la halle et se jeta dans un siège plongé dans l'ombre, où il resta un moment. Il vit alors une femme déambuler, en portant du feu. Elle était noire et portait des vêtements sombres, et elle était tout enflée. Elle tisonna le feu. Peu après arriva un homme vêtu d'écarlate, avec un bandeau d'or autour du front. Il était de petite taille et trapu. Il menait un homme derrière lui, qui était enchaîné, pieds et mains. Il reconnut Björn, son ami, et trouva qu'il était durement maltraité. L'homme mit Björn par terre, s'assit près du feu, mit la femme auprès de lui et l'embrassa.

Björn dit : « Tu fais mal, Möndull, d'avoir séduit ma femme, de m'avoir calomnié auprès du jarl de sorte qu'il va me faire pendre d'ici trois jours sans aucune raison. Tu ne te serais pas conduit de la sorte si Hrólfr Sturlaugsson avait été dans le pays. Il me vengera si le destin lui donne de revenir. »

Möndull répond : « Jamais il ne t'aidera ni ne te vengera désormais. Je peux te dire sur son compte qu'il a perdu les deux pieds et qu'il est pratiquement mort. Il ne reviendra jamais à la vie. »

Hrólfr se dressa sur ses moignons dans son siège, prit à deux mains le cou de Möndull et dit : « Tu sauras que les mains de Hrólfr sont encore vivantes, même si ses pieds sont partis », il le tire sous lui si bien que Möndull en émet des gargouillements.

Möndull dit alors : « S'il te plaît, Hrólfr, ne me tue pas. Je vais te guérir, car je possède un onguent qui n'a pas son pareil dans les pays du Nord. Je détiens un art si grand de la médecine que je peux totalement guérir, dans un délai de trois jours, quiconque a des chances de survivre. Je te ferai savoir aussi que je suis un nain habitant dans le sol et que j'ai la nature des nains tant pour l'art de la médecine que pour l'artisanat[63]. Je suis venu ici-bas dans le but d'ensorceler Þóra la fille du jarl ou Ingibjörg, et de les emporter avec moi. Mais comme Björn a vu très clairement qui j'étais, je voulais le faire périr, de telle façon que je m'emparai de la ceinture et la mis dans son coffre et j'emportai la clef pour qu'il soit tenu d'autant plus susceptible d'avoir volé qu'il refuserait d'ouvrir son coffre. J'ai détourné tout le monde de l'amitié de Björn. À présent, je veux faire tout ce que tu requerras pour garder ma vie, car je ne trahirai jamais celui qui m'a épargné. »

63. Ce texte est à soi seul une petite somme : les nains, en effet, qui étaient sans doute les morts, habitaient, à ce titre, sous terre. Ils détenaient, comme tels, la science des choses cachées, notamment dans les domaines de la médecine et de l'artisanat.

Hrólfr dit alors : « Je courrai le risque de te donner la vie, mais d'abord, tu vas soigner Ingibjörg et libérer Björn. »

Il mit Möndull debout : il était tout noir et laid, selon la façon dont il avait été créé. Il libéra Björn, déshabilla Ingibjörg et oignit sa chair d'un excellent onguent, lui fit boire un breuvage capable de faire revenir la mémoire. Elle recouvra bientôt ses esprits, sa chair blanchit, elle retrouva la santé et perdit tout amour pour le nain. Elle et Björn remercièrent Hrólfr, comme il en était digne.

Après cela, Möndull disparut et revint au bout d'un moment, il apportait les pieds de Hrólfr et un grand pot d'onguent. Il dit : « Je ferai maintenant une chose que jamais je n'avais envisagée, c'est de te guérir, Hrólfr. Tu vas te coucher près du feu et échauffer tes moignons. »

C'est ce que fit Hrólfr. Le nain oignit les blessures et replaça les pieds qu'il attacha avec des attelles, laissa Hrólfr allongé ainsi pendant trois nuits, défit alors les bandages et demanda à Hrólfr de se lever et de faire un essai. C'est ce que fit Hrólfr. Ses pieds étaient aussi aptes et souples que s'il n'avait jamais été blessé.

Mais si l'on trouve de telles choses incroyables, il revient à chacun de dire ce qu'il a vu ou entendu. Il est difficile aussi de contredire ce que les doctes d'autrefois ont composé. Ils auraient fort bien pu dire que cela s'était passé différemment s'ils l'avaient voulu. Il y a eu des sages qui ont beaucoup parlé en figures de certaines choses, comme maître Galterus dans la *Saga d'Alexandre* ou le poète Umeris dans la *Saga des Troyens*, et les maîtres qui leur ont succédé ont tenu cela pour vrai plutôt que pour sujet de contradiction, disant que cela pouvait avoir été ainsi. Personne n'a besoin d'y ajouter foi non plus, qu'il en retire donc de la joie tant qu'il écoute[64].

Hrólfr dit alors à Möndull : « Tu as bien fait de me guérir, tu vas recevoir de moi les choses que tu demanderas. Je veux te prier de m'accompagner en Garðaríki si j'y retourne. »

Möndull dit qu'il en serait ainsi – « Je vais maintenant aller à ma maison. Il m'a été dur d'en démêler avec toi et le plus dur a été de quitter Ingibjörg, mais il faut bien qu'il en soit ainsi. »

Là-dessus, le nain Möndull s'en fut, et Hrólfr ne sut pas ce qu'il était advenu de lui.

26. Hrólfr se présente au jarl

Le lendemain matin, Hrólfr se leva et s'arma. Il dit à Björn : « Maintenant, nous irons en ville, nous présenter au jarl. »

Björn dit : « Je n'en ai pas envie, car à présent, le temps est expiré où l'on me faisait trêve, et si je vais là-bas, ma mort est assurée. »

64. Ce passage est capital et il a suscité d'abondants commentaires. La *Saga d'Alexandre* est la traduction faite par l'évêque Brandr Jonsson, autour de 1200, de l'*Alexandreis* de Gautier de Châtillon, les Islandais ayant suivi la mode européenne tant pour la matière de France (chansons de geste, etc.), que pour celle de Bretagne (romans de Chrétien de Troyes) et que, donc, pour celle d'Alexandre. De même, Homère n'était pas inconnu et cette *Saga des Troyens* dérive des travaux, en latin, de Darès le Phrygien et de Dictys de Crète. C'est dire l'étendue de la culture des clercs de l'île ! Surtout, on voudra bien prendre garde à la fin du paragraphe, car elle résume, en quelque sorte, ce qu'il faut penser des sagas dites légendaires, de l'aveu même de l'auteur du présent texte. Soit : après tout, ce que j'écris là n'est pas gratuit, je me couvre de l'autorité de maîtres anciens ; et surtout : vous n'êtes pas tenus de croire à l'authenticité du récit, il suffit qu'il vous amuse !

Hrólfr dit : « Tu vas t'y risquer. »

Ils allèrent à la ville et pénétrèrent dans la halle, s'arrêtant près de la porte. Le jarl était à table et ne reconnut pas Hrólfr non plus qu'aucun de ceux qui se trouvaient à l'intérieur.

Mais dès que les hommes du jarl virent Björn, ils dirent tous : « Il fait bien le hardi, ce voleur de Björn qui se présente aux yeux du jarl, et Möndull l'a bien mal gardé puisque le voici relâché. »

Un homme ramassa un gros os de bœuf et le lança sur Björn, mais Hrólfr l'attrapa au vol et le renvoya sur celui qui l'avait jeté. L'os arriva dans sa poitrine et la transperça de telle sorte que l'homme resta fixé dans le mur de bois. Tout le monde se tut en voyant cela et eut peur de l'homme de grande taille qui était entré.

Hrólfr dit à Björn : « Va au siège de Stefnir et dis ces mots : "Hrólfr Sturlaugsson t'inviterait à entrer s'il se trouvait là et que tu arrives." »

Björn se rendit à pas comptés le long de la halle parce qu'il était fort effrayé, jusqu'à ce qu'il arrive devant Stefnir. Il dit alors les mots que Hrólfr lui avait indiqués. En entendant cela, Stefnir passa par-dessus la table, s'avança vers Hrólfr et releva le capuchon de devant son visage. Il reconnut Hrólfr et lui souhaita de tout cœur la bienvenue, puis le mena devant son père. Le jarl se réjouit de la venue de Hrólfr, il se leva en grande liesse pour aller au-devant de lui.

Vilhjálmr fit de grands yeux en voyant Hrólfr. De peur, il avait le visage tantôt tout rouge, tantôt pâle comme de l'écorce de tilleul.

Le jarl Þorgnýr dit : « Il me semble que voici Hrólfr, Vilhjálmr, et il n'est pas mort. »

Hrólfr demanda si Vilhjálmr était là. Celui-ci dit : « Me voici, mon cher Hrólfr, et tout ce qui m'appartient est en ton pouvoir. »

Hrólfr dit : « Nous ne nous sommes pas quittés en bons termes, Vilhjálmr, et tes méfaits ont dû te rester longtemps dans la poitrine, bien que les voici manifestés maintenant ; et tu ferais mieux de raconter l'histoire de ta vie, bien qu'elle ne soit pas bonne, car tu ne retireras pas grand honneur de ton existence désormais.

– On va faire comme tu le veux, mon cher Hrólfr, c'est ce qui conviendra le mieux », dit Vilhjálmr.

27. La saga de Vilhjálmr et sa fin

« Le début de mon histoire, c'est que mon père, qui s'appelait Úlfr, habitait près d'une forêt, ici, au Danemark. Il avait une femme et huit enfants, j'étais l'un d'eux, l'aîné. Mon père possédait quantité de chèvres, fort indisciplinées. On m'avait assigné de les garder et je faisais tout mon possible, quand j'y parvenais, mais la provende était maigre et j'étais mal vêtu. Quand je ne ramenais pas les chèvres à la maison, j'étais battu. Je le supportais mal jusqu'à ce qu'une nuit, j'arrivai à la maison, y mis le feu et brûlai tout le monde dedans. J'habitai là un long moment. Je me mis à prendre des forces.

« Une nuit, je rêvai que venait à moi un homme de grande taille qui dit se nommer Grímr. Il dit que j'étais un homme prometteur et que grande chance m'était assignée si je m'entendais à la rechercher, et qu'il allait passer marché avec moi. Je demandai quel marché c'était.

« Il dit : “Je vais te donner plus de force que tu n’en as eue précédemment, et des armes et de bons habits ainsi que plusieurs autres choses, et tu vas aller trouver Hrólfr Sturlaugsson et le trahiras si tu le peux, car il est maintenant en voyage et il a l’intention d’aller en Garðaríki pour enlever la princesse. Il va provoquer bien des maux si l’on ne met pas fin à ses jours. On peut opérer un changement de chance de sorte que tu deviennes, toi, beau-frère du roi Eirekr et que lui soit mis à mort.”

« J’acceptai. Ensuite, il sortit d’en dessous de son manteau une grande corne et m’en donna à boire. J’eus l’impression que la force m’investissait. Cela dit, nous nous quittâmes et lorsque je me réveillai, les armes et les habits étaient là. Je m’en fus ensuite, jusqu’à ce que je trouve Ölvir, mon parent. Tout ce qui se produisit là était sur mon conseil parce que j’estimais que tu tiendrais ton serment et que je serais en mesure de te tuer quand je le voudrais, une fois que tu aurais accompli ce qui me promouvrait. Je pensais savoir que c’était Grímr Ægir qui m’était apparu, aussi quittai-je le Garðaríki pour te chercher, parce que je craignais qu’il se venge cruellement de moi si je ne faisais pas ce qu’il avait dit. J’avais l’intention de prendre Þóra pour femme, aussi amenai-je Ingigerðr ici et non en Garðaríki. Je n’aurais jamais été hors de danger si l’on découvrait la vérité sur mon compte. J’envisageais de tuer Stefnir puis le jarl, de m’emparer d’Ingigerðr et de gouverner tout seul le royaume à partir de là. Je t’aurais décapité, mon cher Hrólfr, dans la forêt, si je n’avais craint Dulcifal. Et voici la fin de la saga de ma vie. J’espère, mon cher Hrólfr, que tu m’accorderas la vie bien que je ne le mérite pas, car j’ai quelque excuse, je voulais acquérir l'honneur qui était offert et obtenir un tel mariage, un tel royaume !" »

Après cela, Vilhjálmr se tut, mais tous ceux qui avaient entendu cette histoire le tinrent pour le pire des traîtres.

Sur ce, Hrólfr entama sa propre histoire et raconta comment il était parti de chez lui au Danemark, jusqu'au moment où l'on en était arrivé, et l'on estima que son renom et sa vaillance étaient de grande valeur. On pensa que le nain lui avait été envoyé pour sa bonne chance.

Björn recouvra alors la réputation et l'honneur qu'il avait possédés auparavant ; pour Vilhjálmr, il fut mis en prison et l'on convoqua à cause de lui un þing nombreux. On rechercha quel genre de mort lui conviendrait le mieux. Tous furent d'accord pour qu'il subisse le plus effroyable trépas, on le bâillonna et on le pendit à la plus haute potence. Vilhjálmr laissa la vie de la façon que l'on vient de dire et il fallait s'attendre qu'il finisse mal tant il avait été traître et assassin.

La princesse Ingigerðr se réjouit du retour de Hrólfr et aussi qu'il fût sain et sauf. Le jarl eut un entretien avec elle et dit que, maintenant, il n'était pas besoin de remettre davantage les noces.

Elle dit : « Vous saurez, Sire, que Hreggviðr, mon père, n'a pas été vengé et en outre que je n'entrerai dans le lit d'aucun homme avant que ce soit fait, que le roi Eirekr soit tué ainsi que Grímr Ægir et tous ceux qui ont le plus contribué à sa mort. Je ne veux pas non plus que les hommes du Garðaríki servent un autre chef que celui que j'épouserai. »

Hrólfr dit : « Puisque j'ai emmené la princesse hors du Garðaríki et qu'elle a bien voulu me suivre, elle ne sera contrainte par personne si j'en puis décider. Je veux vous offrir, Sire, de me rendre en Garðaríki avec vos forces et d'y accomplir tout ce dont je serai capable. »

Le jarl dit : « Je veux vous remercier, Hrólfr, du bon vouloir que vous m'avez manifesté en cela et en tout ton service. J'accepterai volontiers que toi et Stefnir soyez les chefs de cette expédition. Je vais vous équiper, pour cette expédition, de bateaux et de troupes au mieux de mes moyens, parce que je voudrais que vous effectuiez la vengeance de telle sorte que cela plaise à la princesse. Les noces n'auront pas lieu avant que vous soyez revenus, si le destin le permet. »

La princesse dit que cela lui plaisait bien et ce fut résolu. Les hommes de Hrólfr l'avaient attendu dans le château tandis qu'il était parti et ils se réjouirent de le voir revenir chez lui.

28. Hrólfr et ses gens se rendent en Garðaríki

Le jarl Þorgnýr fait préparer des bateaux et des armes en été, d'un bout à l'autre de ses États. Une importante troupe de Svíþjód et de Frisland vint à lui aussi, que ses parents et amis lui envoyèrent et il reçut encore une grande force du Vindland[65]. De grands préparatifs furent faits en Jutland pour cette expédition militaire et quand l'armée fut rassemblée, cela fit une belle force et bien équipée. Ils avaient cent bateaux, la plupart gros. Hrólfr et Stefnir étaient les chefs de cette troupe. Ils attendirent un vent favorable pendant quelques jours.

65. Le pays des Vendes, une tribu slave établie à l'est du Danemark.

Un jour, un homme vint se présenter à la table, sur le bateau de Hrólfr. Il était de petite taille, et corpulent, il portait un gros sac sur les épaules. Il prit la passerelle pour monter sur le bateau. Hrólfr reconnut cet homme. C'était le nain Möndull qui était venu là. Hrólfr lui fit bel accueil.

Möndull se débarrassa de son sac et dit : « Me voici donc venu, Hrólfr, comme tu le demandais, et je vais aller avec toi si tu le veux, à la condition que je décide de tout ce que je veux conseiller et que personne ne désobéisse à mes avis. Nous allons avoir besoin de tout cela pour réussir. »

Hrólfr répond pour dire que tout le monde prendrait son avis, et que lui accepterait volontiers sa compagnie.

Le nain dit alors : « La première de mes dispositions, c'est que toi, Hrólfr, tu sois sur le bateau qui sera en tête pendant tout le voyage, car tu as l'anneau d'or qui te vient de la femme-alfe. Tu ne perdras pas ton chemin. Nous allons attacher tous nos bateaux, chacun à la proue de l'autre. Je serai sur le bateau qui viendra en dernier lieu. Nous ne détacherons pas les bateaux avant que la voile ne soit ferlée sur tous, et s'il y en a un qui se détache de la flotte, aucun n'ira le chercher. Vous maintiendrez cela, et n'y dérogerez pas, quoi qu'il arrive, quoi qu'il vous en semble, et alors, tout ira bien. Nous n'accosterons jamais ni ne ferons de pause avant d'être arrivés au Garðaríki. Nous allons maintenant hisser la voile, car le bon vent ne manquera pas. »

On fit donc comme Möndull le prescrivait. Le jarl Þorgnýr et Ingigerðr leur souhaitèrent l'au revoir. Björn le Conseiller resta chez le jarl pour s'occuper de ses États.

Un vent favorable se leva, Hrólfr et les siens prirent la mer. Pour commencer, ils ne progressèrent guère, mais il leur parut ensuite que le temps changeait. La mer était démontée autour d'eux et l'on entendait dans l'air de grands vacarmes. Möndull était à la barre dans le dernier bateau. Il prit un grand bâton, attacha autour un fil bleu, et le remorqua dans le sillage du bateau.

Une nuit, il leur sembla qu'un bateau de guerre se portait contre Hrólfr et l'attaquait rudement. Möndull les héla pour leur dire de ne prêter aucune attention à cela, mais ils dirent qu'il avait tellement peur qu'il n'osait pas défendre l'armée de Hrólfr. Ils détachèrent de la flotte un bateau et voulurent se porter en avant des autres esquifs, mais il n'en fut pas question, car un vent se leva contre eux qui chassa le bateau en arrière de tous les autres, et la dernière chose qu'ils virent, ce fut qu'un grand morse se précipitait dessus et retournait le bateau. Tout l'équipage périt. Il advint maintes autres merveilles et les hommes réagirent diversement. En tout, ils perdirent vingt bateaux avant d'arriver en Garðaríki.

Ils remontèrent la rivière Dýna et là, ravagèrent les deux rives, incendiant les habitations, pillant le bien sur lequel ils mettaient la main. Maintes gens se soumirent à eux et par là, ils obtinrent grands renforts. Ils apprirent bientôt où était le roi Eirekr : à quel endroit il se trouvait avec quantité d'hommes. Ils mirent les bateaux au mouillage, en un seul et même lieu. Möndull prit une barque et fit à la rame le tour de la flotte. Puis il débarqua et dit aux hommes de planter leurs tentes auprès d'un grand rocher qui se trouvait dans le voisinage – « Chaque tente sera plantée tout contre la suivante. »

C'est ce qui fut fait. Après cela, il défit son sac et en tira des tentes de soie noire. Il les planta par-dessus toutes les autres, si largement et fortement que nulle part il n'y avait d'interstice pour pénétrer. Ce fut avant les nuits d'hiver[66] qu'ils arrivèrent en Garðaríki.

Le nain Möndull dit : « À présent, on va sortir des provisions des bateaux et les porter dans les tentes de façon qu'elles durent trois nuits. Puis vous allez entrer dans les tentes et ne pas même regarder au dehors avant que je ne vous le dise. »

Tout fut accompli selon ses ordres. Möndull fut le dernier à entrer dans une tente, après, toutefois, avoir fait le tour de toutes.

Peu après, ils entendirent que le vent tournait à la tempête, il soufflait ferme sur les tentes. Ils tinrent cela pour une merveille. Un homme fut si curieux qu'il défit la tente et regarda dehors, mais quand il rentra, il avait perdu l'esprit et la voix, et il mourut peu de temps après. Cette tempête dura trois nuits.

Möndull dit : « Nous ne reviendrons pas tous au Danemark si Grímr Ægir peut en décider, car c'était lui, ce morse qui a fait couler nos bateaux, et il aurait procédé de la sorte avec tous, si je ne m'étais trouvé dans le dernier, car il n'a pas pu aller plus loin que le bâton que je remorquais derrière moi. Il

66. Les nuits d'hiver ou *vetrnætr* ont certainement été une date importante pour le paganisme germanique. Elles étaient l'occasion de festivités et ponctuaient l'année. En principe, c'était trois jours qui ouvraient l'hiver, et les festivités se situaient, vers la fin d'octobre, entre un mardi qui terminait l'été (il n'y avait que deux saisons dans ce calendrier) et le samedi suivant, qui inaugurait l'hiver. À l'époque où est écrite la présente saga, toutefois, il est probable que le sens religieux ancien est perdu et que l'expression signifie simplement : « le début de l'hiver ».

a maintenant déchaîné contre vous une tempête et ce gel, si bien que vous en auriez tous reçu la mort si les tentes ne vous avaient pas protégés. À présent, il y a douze hommes qui sont arrivés dans la forêt à peu de distance d'ici, c'est Grímr qui les a envoyés pour le roi Eirekr. Ils sont descendus d'Ermland, ils sont en train de pratiquer un *sejðr*[67] et ils le dirigent contre vous, Hrólfr et Stefnir, de sorte que vous vous entretuiez. Nous allons marcher à sept contre eux, et voir ce qui se passera. »

C'est donc ce qu'ils firent, jusqu'à ce qu'ils arrivent dans la forêt. Ils virent une maison. On y entendait un bruit horrible fait par ceux qui exécutaient le sejðr. Ils pénétrèrent dans la maison et y virent une plate-forme élevée soutenue par quatre piliers. Möndull passa sous la plate-forme et exécuta des contre-sejðr avec de tels charmes qu'ils agirent sur les magiciens eux-mêmes. Ils passèrent ensuite dans la forêt et s'y arrêtèrent un moment, mais les magiciens réagirent de telle façon qu'ils démolirent la plate-forme et sortirent de la maison en courant et en beuglant, chacun dans une direction donnée. Certains coururent dans un marécage ou à la mer, certains sautèrent d'un rocher ou d'une falaise, et ils se tuèrent tous de la sorte. Hrólfr et les siens revinrent ensuite à leurs bateaux et ils étaient tous sains et saufs. Ils virent que la tempête n'avait pas sévi ailleurs qu'autour des bateaux et des tentes.

Alors, Möndull dit : « Il se trouve, Hrólfr, que je n'irai pas à la bataille, parce que je n'ai ni la vaillance ni la force pour cela. Pourtant, il ne te serait pas resté grande armée si tu avais été tout seul à y pourvoir. À

67. Voir la note 33.

toi et à Stefnir était destinée la mort que, vous l'avez vu, les magiciens ont reçue. »

Ils le remercièrent de son art et se préparèrent à débarquer ensuite.

29. Mort du jarl Þorgnýr

Peu après que Hrólfr et les siens aient quitté le Jutland et soient arrivés en Garðaríki, survint le berserkr Tryggvi, que nous avons mentionné précédemment dans cette saga[68]. Il avait une armée invincible en raison de son nombre. Il avait le plus souvent été en Écosse et en Angleterre depuis qu'il avait fui devant Hrólfr et Stefnir, mais il venait d'apprendre qu'ils avaient quitté le pays et qu'il rencontrerait donc peu de résistance.

Dès que le jarl Þorgnýr apprit ces nouvelles de guerre, il fit rassembler des troupes, et comme Tryggvi était survenu fort à l'improviste et, de plus, que toute l'élite du pays était partie, le jarl obtint peu de monde en face d'une si grande armée. La rencontre se produisit à peu de distance de la ville. Très rude bataille éclata aussitôt. De part et d'autre, on avança bravement. Le jarl Þorgnýr fit vaillamment porter son étendard, il le suivit personnellement et se battit avec extrême audace, tuant maint homme. Björn le Conseiller le suivait virilement et abattit maint homme, car lui et le jarl étaient habitués à la guerre et avançaient avec courage. Tryggvi aussi avançait rudement et faisait des ravages dans les rangs du jarl, si bien que nul ne lui résistait, et la bataille tourna

68. Se reporter au chapitre 8.

fort au désavantage du jarl. Cette bataille dura toute la journée et se termina par la chute du jarl Þorgnýr qui périt en laissant bonne réputation, et ce fut Tryggvi qui fut son meurtrier. Alors, Björn le Conseiller prit la fuite avec le reste de l'armée, jusqu'à la ville. Ils y restèrent, et Tryggvi en fit le siège.

Tard le soir, on vit trois bateaux qui se dirigeaient vers la côte. Ils étaient tous grands et noirs sur les plats-bords. Ils mouillèrent et plantèrent leurs tentes. Les gens de la ville étaient anxieux de leur condition. Quand vint le matin, les gens des bateaux marchèrent sur la ville en ordre de bataille. Douze venaient en tête, deux d'entre eux portaient un masque devant le visage. Tryggvi aussi disposa ses troupes en ordre de bataille et lorsqu'ils se rencontrèrent, il n'y eut pas grandes salutations, parce que les hommes masqués livrèrent bataille aussitôt et attaquèrent ferme. Ce que voyant, les citadins sortirent de la ville et attaquèrent sur le flanc. Tryggvi se trouva pris entre les deux et ses troupes tombèrent d'importance. On l'assaillit ferme et, pour finir, il tomba, ainsi que la plus grande partie de sa troupe. Ils firent alors grand butin. Les hommes masqués allèrent immédiatement à leurs bateaux sans adresser la parole à personne. Les gens du pays s'émerveillèrent fort de ce que devaient être ces hommes, mais nul ne pouvait le dire. Ensuite, tout fut tranquille et le jarl Þorgnýr fut inhumé sous un tertre. Þóra s'affligea grandement de la mort de son père, ainsi que beaucoup d'autres gens du pays, car il avait été un bon chef et dirigeant ; il avait longtemps gouverné le royaume et de façon très pacifique. Aussi tout le monde se lamenta-t-il sur sa mort.

30. Premier jour de bataille

Il faut parler maintenant de ce dont nous nous sommes détournés, savoir que Hrólfr convoque toute son armée contre le roi Eirekr. Ils se rencontrèrent à courte distance d'Aldeigjuborg[69]. Le roi avait une grande armée, et formidable. Nombreux étaient les chefs accompagnant le roi Eirekr. L'un d'eux était un jarl qui s'appelait Ími. Il était grand et fort, très habile aux armes, originaire de Garðaríki. Était avec lui son demi-frère, qui s'appelait Röndólfr. On aurait bien pu l'appeler tröll en raison de sa taille et de sa force[70]. La famille de sa mère était d'Áluborg en Jötunheimr et c'est là qu'il avait été élevé. Pour toute arme, il avait une massue de six aunes de long et avec un gros renflement à un bout. La plupart des armes ne mordaient pas sur le manteau qu'il portait. Röndólfr était saisi de fureur[71] quand il était en colère et il hurlait comme un tröll. Brynjólfr était avec le roi, mais Þórdr et Grímr n'étaient pas arrivés, car ils rassemblaient des troupes dans le haut du pays.

De part et d'autre, ils installèrent leur camp puis dormirent cette nuit-là. Le terrain était plat et proche de la mer. Le lendemain matin de bonne heure, ils se

69. Voir la note 54.
70. Voir la note 45.
71. On sait que notre saga baigne littéralement dans la magie. Le texte porte ici le mot *hamadr* sur le verbe *hamast*, lui-même fabriqué sur le substantif *hamr* qui s'applique à la « forme » interne que porte tout homme dans cet univers, forme qui est susceptible de s'évader de son support pour vaquer à toutes sortes d'occupations. Voir *Le Monde du double. La magie chez les anciens Scandinaves*, *op. cit.*, l'index sous «*hamr*». Le sens second, retenu ici, renvoie à : « saisi d'une fureur sacrée ».

préparèrent pour la bataille, le roi forma deux ordres de bataille, il était lui-même dans l'un et Brynjólfr portait l'étendard du roi. Devant la bannière, il plaça Röndólfr et tous ceux qui étaient les plus grands champions. Dans l'autre ordre de bataille il y avait le jarl Ími et plusieurs hommes de distinction, bien qu'ils ne soient pas nommés. Portait son étendard l'homme qui s'appelait Arnoddr et était un grand champion. Hrólfr aussi institua deux ordres de bataille. Il se posta en face du roi Eirekr, les Suédois et les Frisons étant sous sa bannière. Stefnir était sur l'autre aile ainsi que les Jutlandais. L'homme qui portait son étendard s'appelait Áli, un homme de très grande vaillance. Hrólfr portait l'armure qui lui venait de Hreggviðr. Il montait Dulcifal. Dans l'une et l'autre armées, il y avait une importante cavalerie. Stefnir portait l'un des manteaux de Hrólfr. Möndull n'était pas à la bataille, il n'avait pas l'habitude des armes.

Disposées de la sorte, les deux armées poussèrent leur cri de guerre, après quoi les deux formations s'affrontèrent. Tout de suite, ce fut une rude bataille avec grandes pertes humaines de part et d'autre. Il y eut d'abord une charge de cavalerie, puis une violente bataille d'estoc et de taille. Röndólfr avançait hardiment, assénant des deux mains des coups de sa massue et tuant hommes et chevaux. Il n'était pas de chevalier si fort qui supportât l'un de ses coups. Aussi tout ce qui se trouvait devant lui battait en retraite. Brynjólfr portait bravement l'étendard et il se fit une méchante rumeur dans les rangs de Hrólfr. Celui-ci allait de l'avant sur Dulcifal, personne n'était si vaillant qu'il restât en selle devant lui et ses horions. De l'épée venant de Hreggviðr, il frappait d'estoc tant les hommes que les chevaux, tuant maint homme, car cette épée mordait comme si elle était plongée dans l'eau, et ne faisait jamais faux bond dans ses coups. La bataille était féroce, les hommes étaient abattus les uns sur les autres.

Il faut raconter maintenant que Stefnir chevauche ferme contre les rangs du jarl Ími, causant du dommage à maint chevalier, jusqu'à ce que le jarl Ími l'affronte. Chacun charge l'autre avec grande ardeur, et chacun vise le bouclier de l'autre. Quand ils se rencontrèrent, le manche de la lance d'Ími se brisa en son milieu et, d'un coup, Stefnir désarçonna le jarl qui se retrouva loin de son cheval. Il se remit sur pied d'un bond et brandit son épée. Stefnir sauta de selle et assena un coup de taille à Ími, mais celui-ci frappa à son tour, et l'épée de Stefnir arriva sur la garde et emporta le bras avec. Après cela, de son épée, Stefnir transperça le jarl qui y laissa la vie. Stefnir poursuivit ensuite son attaque.

En un autre endroit, Áli et Arnoddr se rencontrèrent et s'attaquèrent par grande vaillance. Ils se donnèrent des coups de taille si bien que toutes leurs protections furent détruites. Ils avaient tous les deux jeté leurs étendards et leurs démêlés se terminèrent de telle sorte que, de son épée, Arnoddr transperça les entrailles d'Áli, le coup ressortant dans le dos. Áli se rua sous ce horion et frappa des deux mains la tête d'Arnoddr, le coup arrivant dans les dents. Ils tombèrent tous les deux à terre, morts.

Hrólfr voit alors les ravages que Röndólfr fait dans ses rangs, il voit que l'on ne peut rester dans l'état. Il saute de Dulcifal et se rue contre Röndólfr. Lorsqu'ils se rencontrent, Röndólfr frappe Hrólfr avec sa massue de fer, mais Hrólfr esquive, ne se fiant pas à subir un coup aussi pesant. La massue atteignit deux hommes qui s'étaient tenus derrière Hrólfr et elle leur mit tous les os en pièces. Hrólfr déchargea un coup latéral, de son épée, sur le bras de Röndólfr, il le lui trancha à hauteur du poignet de même que tous les orteils de l'un de ses pieds. De l'autre bras, Röndólfr brandit sa massue et frappa Hrólfr de toutes ses forces. La massue arriva en terre et s'y enfonça jusqu'en son milieu, Hrólfr ne fut pas touché. Celui-ci assena alors un coup sur l'autre bras de Röndólfr si bien qu'il tomba à terre. Alors, Röndólfr battit en retraite. Il agitait ses moignons en mugissant comme un taureau. Sur ce, Hrólfr lui trancha les deux fesses qui lui pendirent dans les creux des genoux. Il traîna ce fardeau derrière lui et se précipita en beuglant contre les rangs du roi Eirekr de sorte que tout cédait devant lui. Il tua de la sorte maint homme.

Hrólfr et Stefnir, ainsi que leurs hommes, jouirent de cet avantage, frappant d'estoc et de taille quiconque se trouvait devant eux. Les troupes du roi Eirekr tombaient en masse. Röndólfr n'avait cure de ce qu'il avait devant lui, il bondit sur Brynjólfr, le faisant tomber à la renverse avec son étendard : Brynjólfr parvint difficilement à se remettre sur pied, puis prit la fuite. Lorsque les hommes du roi Eirekr virent que l'étendard était tombé, ils s'enfuirent, tous autant qu'ils étaient. Ce que voyant, le roi Eirekr s'enfuit comme les autres jusqu'à la ville ; Hrólfr et Stefnir pourchassèrent les hommes en déroute et tuèrent tous ceux qu'ils atteignaient. Il y eut alors grande hécatombe, à peine si l'on peut en dire le nombre. Röndólfr sauta dans la rivière et se noya, mais Eirekr et la troupe qui en réchappa se barricadèrent dans la ville, et la bataille se termina ainsi. Le soir était venu.

Hrólfr s'en fut alors à son campement et fit panser les blessures de ses hommes. Beaucoup étaient tombés également dans ses rangs. Tard le soir, les hommes de Hrólfr virent trois bateaux de guerre venant vers la côte. Ils mouillèrent et prirent leurs dispositions pour la nuit. Après cela, trois cents hommes sortirent des bateaux. C'était une armée vaillante et bien équipée. Était à la tête un homme plus grand que les autres. Ces gens allèrent au campement de Hrólfr et lorsqu'ils se rencontrèrent, Hrólfr reconnut son père qui était arrivé là, Sturlaugr, avec Eirekr, son frère. Il y eut joyeuses retrouvailles entre eux tous. Hrólfr interrogea son père sur les nouvelles et sur ses expéditions. Sturlaugr était bien vieux, il y avait longtemps qu'il avait renoncé aux expéditions guerrières. Il dit avoir entendu parler des expéditions de Hrólfr et qu'il était allé de Norvège en Garðaríki pour lui prêter renfort. Ils burent ce soir-là et firent grande liesse. Sturlaugr avait son armure et la *sax*[72] qui lui venait de Véfreyja. Étaient avec lui maints champions et vaillants hommes venant de Hringaríki[73]. L'un d'eux s'appelait Torfi le Fort, le second, Bárðr, le troisième, Garðr, le quatrième, Atli, le cinquième, Birgir, le sixième, Sölvi, le septième, Loðinn, le huitième Knútr kveisa. Ils étaient tous de très vaillants hommes. On estimait que Torfi et Knútr les surpassaient de loin. Ils allèrent dormir et firent monter solidement la garde.

72. La *sax* est une épée à lame courte et à un seul tranchant.
73. Redisons que c'est le nom d'une province de Norvège.

31. Deuxième jour de bataille

Pendant la nuit, de nombreux renforts vinrent au roi Eirekr, des hommes rassemblés dans les districts, et Grímr Ægir et Þórdr Hléseyjarskalli arrivèrent le soir avec une armée innombrable. Il y avait avec eux maints champions et berserkir, on en mentionne douze : l'un est Örn l'Arménien, puis Úlfr, Hárr et Gellir, Sörli au Long Nez et Tjörfi, Tjösnir, Loðmundr, Haki, Lífólfr et Styrr le Fort, Brúsi beinserkr[74]. Tous, ils étaient difficiles à traiter et plus semblables à des trölls qu'à des hommes, quoique quatre d'entre eux fussent les pires, c'étaient Tjösnir, Gellir et les frères Styrr et Brúsi. Le roi Eirekr se réjouit de leur arrivée et leur dit avoir subi de grandes pertes en hommes, et que Hrólfr était différent de la plupart des hommes en raison de sa vaillance et de l'armure qu'il portait – « Ce nous fut grande malchance que Hrólfr ait obtenu l'épée qui vient de Hreggviðr. »

Grímr dit : « Tout ira bien. Nous allons compenser demain cette perte que vous avez subie aujourd'hui. »

La nuit s'écoula et le jour vint. De part et d'autre, on se prépara pour la bataille.

Le roi Eirekr sortit de la ville avec toute son armée et disposa ses troupes en ordres de bataille. Brynjólfr porta, de nouveau, son étendard, et il y eut avec lui huit berserkir : Örn l'Arménien, Úlfr, Hárr, Sörli, Lífólfr, Loðmundr, Herkir, Tjörfi et Grímr Ægir. Celui-ci se tenait devant l'étendard de cet ordre de bataille. Sur l'autre aile, il y avait Þórdr

74. Cet étrange surnom pourrait signifier : « Chemise d'os » !

Hléseyjarskalli et l'on portait un étendard devant lui. Étaient là Tjösnir et Gellir, Styrr et Brúsi et beaucoup d'autres.

En face du roi Eirekr, Hrólfr et Stefnir formèrent aussi leur ordre de bataille avec Knútr Kveisa et Torfi le Fort. Contre Þórdr se disposèrent Sturlaugr et Eirekr, son fils, et les six champions que voici : Haddr, Garðr, Atli, Birgir, Sölvi et Loðinn. On ne mentionne pas qui était porte-étendard en dehors de Brynjólfr. La différence de nombre était grande, le roi avait trois hommes contre un en face.

Ensuite, on sonna du luðr, après quoi les ordres de bataille marchèrent l'un contre l'autre en poussant le cri de guerre, parmi les encouragements et un grand fracas d'armes. Il y eut d'abord une averse de projectiles, puis une bataille corps à corps, et de part et d'autre on marcha vigoureusement contre l'adversaire. Maintes choses et événements se produisirent en même temps mais il faudra n'en dire qu'un seul à la fois. Le nain Möndull n'était pas à la bataille, il se tenait sur une hauteur. Il tirait de l'arc et faisait de grands ravages. De part et d'autre, on avança bravement, il n'était pas besoin de contester le courage de quiconque. Firent face à Grímr Ægir, Knútr Kveisa et Torfi le Fort. Ils étaient tous les deux forts et versés dans l'art de la magie. Ils l'attaquèrent tous deux en même temps, et pendant longtemps, ce jour-là. Leur assaut était si rude que les gens devaient se garder d'être trop près d'eux. Les berserkir du roi faisaient de grands ravages et traversaient les rangs de Hrólfr si bien que tout cédait devant eux. Maint excellent brave perdit là tout pouvoir. Il n'était heaume si bon ou bouclier si épais qui résistât à leurs coups. La troupe de Hrólfr était sur le point de se débander.

Hrólfr avait progressé parmi l'ordre de bataille du roi Eirekr et de Stefnir, et ils y avaient fait grand ravage, avant de voir comment les berserkir allaient rudement de l'avant. Ils se retournèrent alors contre eux et lorsqu'ils se rencontrèrent, il n'y eut pas à contester les grands coups que les uns déchargeaient aux autres. Hrólfr assena un coup à Örn, mais celui-ci interposa son bouclier et Hrólfr le mit en pièces, mais la pointe de son épée lui incisa tout le ventre si bien que les entrailles jaillirent. Après cela, il transperça Herkir et trancha les deux pieds à Lífólfr. Stefnir décocha un coup de lance à Úlfr, mais celui-ci interposa son bouclier et le coup transperça et le bouclier et la cuisse. Ce fut une grande blessure. Úlfr trancha le manche de la lance. Hárr aussi bondit sur Hrólfr et le frappa sur le heaume avec une masse d'armes si bien qu'il en fut presque assommé. Cependant, Hrólfr se précipita sur Úlfr et le frappa de son épée, la broigne ne servit à rien et Úlfr fut transpercé. Loðmundr visa Stefnir à l'endroit du mollet, qu'il transperça. Hrólfr survint alors et frappa des deux mains Loðinn à la tête, il le pourfendit jusqu'en bas si bien que l'épée se ficha en terre. Sur ce, Sörli et Tjörfi frappèrent Hrólfr. Hárr déchargea un coup de sa masse dans le dos de Hrólfr. Ç'aurait été sa mort si le manteau ne l'avait protégé ainsi que son armure, mais il tomba sur les deux genoux. Il se releva promptement et frappa Hárr au pied, de sorte qu'il le trancha à la hauteur du creux du genou. Hrólfr décocha un coup latéral sur le flanc de Tjörfi, le mettant en pièces à hauteur de la taille. Sörli chercha à s'esquiver, et Hárr s'était relevé sur l'autre jambe, rossant de sa masse tout ce qui se trouvait devant lui. Il occit onze hommes avant que

Stefnir lui assène le coup de la mort. Il laissa là la vie, ayant acquis excellente réputation. La bataille était féroce. Le roi Eirekr et Brynjólfr tuèrent maint homme. Möndull décocha au roi Eirekr une flèche qui lui transperça le bras.

Hrólfr et Stefnir attaquèrent rudement de nouveau, car la bataille tournait fort à leur désavantage. Ils arrivèrent à l'endroit où Grímr s'en était pris à Torfi et Knútr. Le sol était tout retourné alentour. Leurs démêlés se terminèrent de telle sorte que Knútr était mort et que Torfi était hors d'état de combattre en raison de ses blessures. Grímr était fort épuisé, et pourtant il avait tué maint homme. Hrólfr et Stefnir le frappèrent tous les deux en même temps, mais il s'esquiva en s'enfonçant dans le sol comme si ç'avait été de l'eau.

Il faut relater que pendant ce temps, Sturlaugr et ses hommes attaquaient l'autre aile de l'ordre de bataille. Chaque parti avançait en assenant de grands coups d'épée et en déchaînant de fortes attaques à la lance. Il y eut grande hécatombe. Des deux mains, Sturlaugr frappait de taille et d'estoc avec la sax qui lui venait de Véfreyja. Nul de ceux qui étaient écorchés de la sorte n'avait besoin de panser ses blessures. Eirekr, son fils, le secondait bien et abattait maint homme. Þórdr Hléseyjarskalli se porta avec grande ardeur contre Sturlaugr. Il avait le crâne nu, mais on avait beau le frapper de l'épée ou de la hache, les coups ne mordaient pas. Aussi pouvait-il avancer sans danger. Les Norvégiens, quarante hommes de Sturlaugr, se portèrent contre lui et l'attaquèrent tous, mais il se défendit avec grande vaillance.

En un autre endroit se trouvaient ensemble Styrr le Fort et Brúsi beinserkr, se portèrent contre eux

Haddr, Garðr, Birgir et Sölvi. Ceux-ci marchaient à quatre contre eux deux, et ils eurent besoin de toutes leurs forces. Quoique leurs coups d'estoc et de taille ne soient pas rapportés en détail, leur attaque fut à la fois rude et violente. Leur rencontre se termina de telle sorte que Styrr et Brúsi tombèrent épuisés, mais ils avaient alors tué Haddr et Garðr et tranché les deux mains de Sölvi, Birgir étant fort blessé. Sölvi se rua sur un homme et lui donna du crâne dans la poitrine si bien que les côtes s'enfoncèrent. Ce fut sa mort. Après cela, il en abattit un autre en lui emportant la gorge d'un coup de dents. On le transperça alors d'une lance et il laissa la vie avec grande bravoure.

Loðinn et Atli attaquèrent Gellir et leur affrontement fut rude, car c'était le pire monstre. Ils lui infligèrent maintes blessures. Gellir frappa Atli de la pointe de sa hallebarde, le coup arriva dans le heaume et le fendit, pour s'arrêter dans la cervelle. Loðinn voulut le venger et frappa Gellir de son épée à travers la broigne puis dans la cuisse. Ce fut une grande blessure. Gellir assena à Loðinn un coup qui arriva dans la clavicule, la mit en pièces et trancha le cœur. Il s'affaissa, mort. Intervint alors Eirekr Sturlaugsson qui déchargea à Gellir le coup de la mort.

Se rencontrèrent Tjösnir et Sturlaugr. Chacun administra un coup à l'autre, mais aucun ne fut blessé. Sturlaugr mit en pièces le bouclier de Tjösnir mais il dut reculer devant les grands coups de celui-ci. Möndull le vit. Il mit sur la corde de son arc une flèche à barbes qu'il décocha dans l'œil de Tjösnir, de sorte que le manche s'enfonça profondément. Tjösnir se saisit du manche de la flèche et l'arracha :

l'œil était dessus. Cela suffit à Sturlaugr qui fendit Tjösnir à la taille si bien que chaque moitié retomba d'un côté.

Sturlaugr vit alors les grands ravages que Þórdr lui faisait, si bien qu'il s'en fallait de peu que ses troupes ne fussent en déroute, une partie de ses hommes étant tués. Il se rendit à l'endroit où se trouvait Þórdr qui se retourna contre lui et leur duel fut à la fois rude et long, jusqu'à ce que Sturlaugr lui assène un bon horion. Lequel arriva sur son crâne et l'épée ne manqua pas à sa réputation, car ce fut un si grand coup qu'il fendit la tête de Þórdr et traversa tout le tronc de sorte que l'homme tomba à terre en deux morceaux. Sturlaugr en avait trop fait : il perdit sa sax qui s'insinua dans le sol et on ne la retrouva jamais. Sur cet événement, les livres divergent fort, étant donné qu'il est dit dans la *Saga de Sturlaugr* et dans plusieurs autres qu'il serait mort de vieillesse chez lui en Hringaríki et que c'est là qu'il serait inhumé sous un tertre, alors qu'ici, on dit qu'après la mort de Þórdr, Grímr Ægir serait remonté de terre derrière Sturlaugr et qu'il l'aurait frappé d'un glaive dans le dos, de sorte qu'il l'aurait fendu par le milieu. Nous ne savons pas lequel des deux est le plus véridique.

Eirekr, son fils, vit cela car il était près de là. De son épée, il frappa Grímr par grand courroux, le coup arriva sur son épaule et l'épée craqua comme si elle avait frappé une pierre, et elle ne mordit pas. Grímr se retourna contre Eirekr et lui souffla dans la face du venin si brûlant qu'il tomba aussitôt, mort. Tout le monde trembla à cette vue, pourtant il y eut encore une rude bataille et grande hécatombe.

Quand Hrólfr apprit cette nouvelle, il se mit fort en colère et n'épargna point l'épée qui lui venait de Hreggviðr, frappant à la fois dur et fréquemment, si bien que tout ce qui se trouvait devant cédait. Il tuait parfois deux ou trois hommes d'un seul coup et progressait de la sorte comme s'il passait à gué un fleuve au violent courant. Cette bataille dura toute la journée jusqu'à ce qu'il fit noir et qu'on n'y vit plus assez pour combattre. Le roi Eirekr fit alors lever le bouclier de trêve et la bataille cessa. Le roi se rendit dans la ville avec sa troupe et Hrólfr alla à son campement, on pansa les blessures des hommes qui espéraient survivre. Mais il y avait eu de telles pertes dans les rangs de Hrólfr et de Stefnir qu'il ne restait pas plus de deux mille hommes de toute leur armée, et la plupart fort blessés. Il y eut grande rumeur de mécontentement dans l'armée. Les hommes prirent du repos et s'endormirent bientôt après ce grand épuisement.

32. Hrólfr se rend au tertre de Hreggviðr

Lorsque les hommes furent endormis, Hrólfr se leva fort silencieusement. Il alla à l'endroit où se trouvait Dulcifal, l'enfourcha et chevaucha jusqu'à ce qu'il arrive au tertre de Hreggviðr. La lune brillait. Hrólfr descendit de cheval et monta sur le tertre. Il vit Hreggviðr assis hors du tertre, regardant la lune et déclamant [75] :

75. Il va sans dire que je n'ai pas essayé de rendre exactement cette poésie. Sans atteindre les incroyables contorsions de la poésie scaldique, elle obéit aux lois de l'accentuation, de l'allitération et de la résolution qu'il est impossible de restituer en français.

Se réjouit Hreggviðr
de l'excellent voyage
de Hrólfr le Hardi
jusqu'à ce pays-ci.
Ce guerrier va
venger le roi
sur Eirekr
et eux tous.

Se réjouit Hreggviðr
de la mort de Grímr,
et de Þórdr qui par là
épuisent les moments de leur vie.
Cette faction
de mes ennemis
s'inclinera
devant Hrólfr.

Se réjouit Hreggviðr
que Hrólfr épouse
la jeune vierge,
Ingigerðr.
Le prince va,
le fils de Sturlaugr,
gouverner Holmgarðr.
Durera mon poème.

Hrólfr s'avança alors et le salua respectueusement. Le roi lui rendit ses salutations et demanda comment il allait.

Hrólfr dit : « Vous devez le savoir clairement déjà, de sorte que je n'ai pas à en parler. La bataille a été très mauvaise pour nous en raison des grandes pertes que nous avons subies, et il vous revient de nous donner quelque bon conseil qui nous fournisse assistance. »

Hreggviðr dit : « Je trouve qu'il est bon que tu doives nous venger, et la victoire te sera accordée par le destin, tout invraisemblable que cela paraisse. Voici deux vaisseaux que tu vas prendre : tu donneras à boire de l'un à tous tes hommes lorsqu'ils se réveilleront demain, et du plus petit, toi et Stefnir allez en boire et dès lors plus rien ne vous vaudra de désagrément. Je puis te dire que Stefnir se destine Ingigerðr, ma fille, dès qu'il a vu sa beauté, mais pas à Þorgnýr, son père, ni à toi. Or je t'accorde de jouir d'elle, et d'ailleurs ce que tu veux obtenir plaira bien à Stefnir dès que vous aurez bu de ce vaisseau. Voici aussi un couteau et une ceinture que je veux te donner, de pareils objets de prix ne se trouvent pas dans les pays du Nord. Tu vas donner cela à cet homme seul qui ne mérite que du bien de ta part, selon toi. Et maintenant, nous allons nous quitter pour cette fois et nous ne nous reverrons jamais plus. Tu vas refermer le tertre comme je te l'ai déjà prescrit. Porte mes salutations à ma fille Ingigerðr. Je souhaiterais que toute la vaillance et la chance qui m'ont accompagné se portent sur toi. Au revoir, que toutes choses aillent selon tes désirs. »

Puis Hreggviðr pénétra à reculons dans le tertre, et Hrólfr le referma comme on le lui avait demandé. Il monta ensuite Dulcifal et reprit le chemin de chez lui.

Mais alors qu'il était presque arrivé au campement, Stefnir vint au-devant de lui, tout armé et fort courroucé, et il dit : « Tu as mal fait, Hrólfr, d'être allé dans le tertre de Hreggviðr et de vouloir tout le renom pour toi seul, pensant par là obtenir la princesse Ingigerðr, mais rien n'est moins sûr toutefois. »

Hrólfr dit : « Je n'ai acquis aucun renom en cela même si je suis allé plus loin cette nuit que toi. Je n'ai nullement fixé ma pensée sur le fait d'épouser la princesse. Celui-là jouira d'elle que voudra le destin, quoi que l'on en pense. »

Hrólfr parla alors à Stefnir de son expédition au tertre et lui montra les vaisseaux. Ils s'assirent et burent et estimèrent avoir été bien renforcés par cette boisson. Stefnir se fit alors amical pour Hrólfr et dit que c'était lui qui méritait le plus de jouir d'Ingigerðr, « et il est plus vraisemblable que ce soit toi qui l'épouses plutôt que mon père, vieux comme il est. »

Ils allèrent ensuite à leur campement et y dormirent le reste de la nuit.

Tôt le matin, Hrólfr réveilla ses troupes et versa à tous du contenu du vaisseau, et lorsque chacun en eut bu, il ne sentit plus ses blessures, même s'ils étaient auparavant hors d'état de combattre, lorsqu'ils s'étaient assis pour boire. Ceux-là qui voulaient fuir à tout prix étaient les plus ardents à se battre.

Möndull regarda dans le vaisseau et dit que de telles choses étaient amicales – « pourtant, je ne veux pas boire de cette bière. Vous pouvez tous attaquer terriblement de sorte qu'un excellent banquet nous attende avant que ce jour soit achevé, et vous aurez des nouvelles à raconter. »

Ils s'armèrent donc tous et se préparèrent à la bataille. Möndull dit alors : « Voici venu le jour, Hrólfr, où tu auras besoin de ton manteau. Voici un voile de soie brune que tu vas mettre sous le capuchon de ton manteau et que tu ne relèveras jamais de devant ton visage même si tu te mets à avoir très chaud. »

Hrólfr prit ce voile et le mit comme le nain le prescrivait. Ils allèrent alors jusqu'au champ de bataille, disposèrent leur troupe en ordre de bataille et se montrèrent prêts à se battre. Ils choisirent un autre lieu de bataille parce que le précédent était couvert de cadavres. Möndull fit deux fois le tour des cadavres dans le sens inverse de la marche du soleil. Il souffla et siffla dans toutes les aires du vent tout en débitant des charmes anciens, et il déclara que ces cadavres ne leur feraient aucun mal[76].

33. *Hrólfr et les siens remportent la victoire*

Le roi Eirekr était allé dans la ville le soir d'après la bataille pour faire panser les blessures de ses hommes. Il avait subi de grandes pertes et perdu tous ses champions, si bien que Sörli au Long Nez était le seul à survivre de tous ceux qui avaient accompagné jusque-là Grímr et Þórdr. Accouraient au roi de grandes troupes venant des districts, tant

76. Ces deux dernières phrases sont une manière de somme pour qui s'intéresse à la magie germanique ancienne. Le fait de tourner dans le sens inverse de la marche du soleil (ou le contraire) a un sens conjuratoire (ou propitiatoire). Souffler et siffler comptent au nombre des rites magiques classés pour chasser les mauvais esprits. Le mot charme *(frœdi)* doit évidemment être entendu dans son sens fort : au demeurant, nous avons conservé certains de ces charmes. Enfin, l'ensemble de ces rites relève d'une conception, très bien attestée, jusqu'à nos jours inclusivement, selon laquelle les morts, surtout les morts de mort violente, étaient susceptibles de revenir pour nuire de toutes les manières possibles aux vivants.

de nuit que de jour. Le roi Eirekr et Grímr estimèrent tenir entre leurs mains le sort de Hrólfr et des siens en raison de la différence de nombre. Grímr se prépara pendant la nuit au prix de toutes sortes d'artifices, de même que Brynjólfr. La blessure que le roi Eirekr avait reçue dans le bras, de la flèche envoyée par Möndull, se mit à enfler fort, il ne pouvait combattre de ce bras-là.

Au matin de bonne heure, le roi Eirekr sortit de la ville avec toute son armée. Il disposa ses troupes en ordre de bataille et on forma autour de lui un rempart de boucliers [77]. Brynjólfr devait défendre ce rempart de boucliers et l'homme qui portait l'étendard s'appelait Snákr. Grímr Ægir était à l'autre aile ainsi que Sörli au Long Nez. La différence de nombre était si grande qu'il y avait six hommes d'Eirekr pour un de Hrólfr.

Lorsque celui-ci vit cela, il dit à ses hommes de ne pas se disposer en ordre de bataille – « Nous allons les attaquer par petits groupes, trente ou quarante dans chacun, pour ne pas être encerclés par cette quantité d'hommes. Je vais me placer en face de Grímr Ægir et Stefnir en face du roi Eirekr ainsi que Torfi. Pour toi, Möndull le nain, je te destine à t'occuper des tours de magie de Grímr, qu'il ne mette pas nos hommes à mort par sa sorcellerie. »

Möndull s'avança alors, il portait une coule noire qui lui recouvrait complètement le corps. Sous un bras, il portait un grand sac dont l'intérieur était de peau de daim et l'extérieur de tissu jaune. Il avait

77. La coutume est en effet fort bien attestée. Le chef était entouré d'un « rempart de boucliers » *(skjaldborg)* qu'il s'agissait, pour l'ennemi, de rompre : une fois que le chef était occis, la bataille s'achevait.

dans l'autre main un arc et un carquois. Tout le monde trouva étrange son équipement. Grímr alla à l'endroit où gisaient les cadavres, il retourna ceux qui étaient morts, il voulait les ressusciter mais ne le put. Il prit alors une expression tellement effroyable que la plupart n'osaient le regarder, car ses yeux étaient comme du feu, et une fumée noire lui sortait des narines et de la bouche, suivie d'une puanteur extrême.

Aussitôt après, de part et d'autre, on poussa le cri de guerre et l'on marcha les uns contre les autres. Grímr rugissait si fort que ses hurlements dominaient tous les cris de guerre. Il bondit devant son ordre de bataille en secouant vers les hommes de Hrólfr un sac d'où vola une poussière noire. Ce que voyant, Möndull s'avança et secoua son sac, il en sortit en soufflant une grande bourrasque qui se porta contre la poussière de sorte qu'elle revint dans les yeux des hommes de Grímr si bien qu'ils en devinrent aveugles sur-le-champ, tombèrent face contre terre et furent piétinés par leurs propres hommes. Grímr se fâcha très fort. Il mit une flèche sur la corde de son arc et tira sur Möndull, mais celui-ci tira en revanche, les flèches se rencontrèrent pointe contre pointe et tombèrent au sol toutes les deux. Cela se produisit ainsi trois fois. En même temps, éclata une rude bataille avec clameurs et cris, chacun excitant l'autre, car les hommes de Hrólfr étaient tellement féroces qu'ils n'épargnaient personne, faisant comme s'ils étaient certains de la victoire. Stefnir avançait rudement contre le roi Eirekr et avec lui Torfi et Birgir. Ils faisaient place nette, il faudrait du temps pour décrire les coups d'estoc et de taille par lesquels ils tuèrent maint homme, si bien qu'on n'en pourrait guère dire le nombre. Brynjólfr aussi progressait ferme ainsi que Snákr le porte-étendard, de sorte qu'au premier assaut ils abattirent quarante chevaliers. Hrólfr se porta contre Grímr et lui assena un coup, mais il se déroba en l'air sous la forme d'un dragon volant et vomit du venin sur Hrólfr. Möndull se trouvait auprès, il brandit son sac en dessous, de sorte qu'il s'emplit de venin. Il courut avec ce sac sur Sörli au Long Nez et le jeta sur son visage si bien qu'il tomba, mort. Grímr redevint humain, toutefois, il avait tué neuf hommes par son venin. Il se précipita sur le nain et voulut s'emparer de lui, mais Möndull n'attendit pas, il s'enfonça en terre, là où il était arrivé. Grímr aussi s'enfonça derrière lui en sorte que la terre se referma au-dessus de leur tête.

Hrólfr attaquait ferme, frappant des deux mains. Ils ne pesaient guère en face de lui. Ils tombaient les uns sur les autres. À personne, il n'avait besoin de donner plus d'un coup. Chacun de ceux qu'il atteignait de son épée échangeait la vie contre la mort. Hrólfr avait les deux bras ensanglantés jusqu'aux épaules. Sa progression inspirait de la crainte à la plupart. La bataille tournait au carnage de part et d'autre.

Sur ce, quelques hommes virent depuis le champ de bataille que quinze bateaux venaient vers la côte en faisant force de rames. Ils se mirent au mouillage. Sortit des bateaux une troupe abondante et très martiale. Il y avait deux hommes plus grands que les autres, ils portaient un masque devant la face. Ils allèrent aussitôt à la bataille du côté de Hrólfr, prenant le roi Eirekr sur le flanc : une grande déroute éclata dans les rangs de celui-ci. Les hommes masqués étaient les plus véhéments, ils frappaient à coups redoublés et fréquents. La bataille était plus féroce que jamais. On pouvait voir maint bouclier fendu, maint solide heaume brisé, les broignes arrachées et des hommes de haut rang gisant. Nul ne prenait le temps de prendre garde aux avertissements des autres. On lançait des épieux, des javelines, des dagues, des hachettes et toutes sortes d'autres projectiles.

Hrólfr attaque maintenant le rempart de boucliers, il y eut là une rude résistance. Grímr Ægir revient dans la bataille, fronçant très fort le sourcil. Il tuait quiconque se trouvait devant lui. Se portèrent contre lui Birgir et Torfi et les deux hommes masqués, ils l'attaquèrent avec grande ardeur, et ils ne purent lui infliger aucune blessure. Il leur déchargeait maints coups, et grands. Ils étaient tous les deux blessés et épuisés.

C'était au moment même où Stefnir rencontra Svalr[78] et le frappa de son épée. Ce coup arriva dans le bouclier et en enleva un morceau, mettant en pièces la hampe de l'étendard. Svalr frappa en retour et fendit le bouclier tout entier mais Stefnir ne fut pas blessé. Il déchargea un coup à Svalr, qui arriva sur le heaume, glissant sur le rebord puis descendant sur l'épaule où il mit en pièces l'omoplate puis pénétra dans le tronc, et Svalr en reçut la mort. L'étendard du roi Eirekr était donc tombé dans l'herbe.

C'est ce que voit Brynjólfr, il se porte contre Stefnir avec une expression fort méchante. Il avait une dentition de sanglier. Il frappa Stefnir et celui-ci fit de même, mais rien ne mordait sur le manteau qui venait de Véfreyja tout comme l'épée de Stefnir

78. Il s'agit bien du même porte-étendard, que le manuscrit appelait plus haut Snákr.

ne mordait pas sur Brynjólfr. Ils se battirent longtemps, Stefnir était très épuisé, jusqu'à ce que son épée se brise sous la garde. Alors, Stefnir se jeta sur Brynjólfr, lequel fit face très fortement. Brynjólfr mordit l'épaule de Stefnir et tira la chair pour la détacher de l'os, de toute la capacité de sa bouche, mais sans parvenir à rien, car ses dents n'avaient pas prise à travers le manteau. Stefnir réagit en homme, il enfonça la main dans la bouche de Brynjólfr et la déchira jusqu'à l'oreille. Il n'était plus bon à embrasser désormais. Ils luttèrent de la sorte si longtemps qu'ils avaient le dessus à tour de rôle, jusqu'à ce que Brynjólfr trébuche sur Svalr et lui tombe dessus à la renverse. Alors, il étreignit le dos de Stefnir, des deux mains, si ferme que celui-ci ne pouvait absolument pas bouger. Il lui fallut se protéger le visage de son mieux pour que Brynjólfr ne le morde pas.

Il faut maintenant parler de Hrólfr. Il attaque le rempart de boucliers avec grande férocité. Il reçut maint coup d'estoc et de taille et subit force assauts, parce qu'il y avait là tous les plus vaillants hommes d'élite du roi Eirekr. Il aurait reçu maintes blessures et gros dommages si son manteau ne l'avait protégé ainsi que son armure. À lui tout seul, il tua quelque soixante-dix chevaliers. Il rompit alors tout le rempart de boucliers. Le roi Eirekr se défendit bien et habilement. Il appela à haute voix Grímr Ægir en lui demandant de le secourir sans épargner personne. En entendant cela, Grímr se hâta de venir. Il avait alors tué Torfi et Birgir, et blessé les hommes masqués, dont l'un mortellement. Il avait été tantôt dragon volant, tantôt serpent, verrat et taureau ou autre monstre dangereux, de ceux qui sont nuisibles aux hommes.

Lorsque Hrólfr le vit, il dit : « Tu vas encore sombrer sous terre comme hier lorsque nous nous sommes affrontés. Viens ici, Ægir, et bats-toi contre moi si tu l'oses, jusqu'à ce que l'un ou l'autre tombe. »

Grímr dit : « Tu vas t'apercevoir que je suis venu », et il frappa Hrólfr, mais celui-ci répliqua. On put voir là de grands horions et des assauts véhéments, de l'un comme de l'autre, mais jamais ils ne frappaient si fort que leurs coups mordent tant soit peu. Leur attaque était si rude que tous ceux qui se trouvaient dans le voisinage s'enfuyaient et leurs armes lançaient des étincelles en tous sens.

Le grand homme masqué affronta le roi Eirekr et leur combat fut fort rude. Le roi Eirekr tenait son bouclier de la main qui était blessée, et de l'autre, il assenait des coups à la fois nombreux et grands, car c'était le plus grand champion. Leurs démêlés se terminèrent de telle façon que l'homme masqué fendit tout le bouclier du roi. Après cela, il trancha les deux pieds du roi Eirekr et le tua. Le roi laissa la vie avec grande vaillance. Alors, la déroute se mit dans les rangs, et chacun s'enfuit comme il le put. L'hécatombe reprit de plus belle tandis que les vikings[79] les pourchassaient bravement.

Hrólfr et Grímr sortirent des rangs et se battirent avec grande ardeur, jusqu'à ce que Hrólfr ébrèche par le milieu le glaive de Grímr avec l'épée qui lui venait de Hreggviðr. Alors, Grímr bondit fortement sur Hrólfr. Il fallut que celui-ci jette son épée et fasse front. Grímr fut saisi de fureur et sombra dans le

79. On a ici une acception, courante par ailleurs, de « vikings » qui ne correspond pas à la réalité historique de la chose. Entendons ici : « guerriers, malandrins hardis ».

sol jusqu'aux genoux, mais Hrólfr esquiva et évita de tomber. Grímr crachait tantôt du venin, tantôt du feu sur Hrólfr : ç'aurait été sa mort, n'eût été son manteau ou le voile que Möndull lui avait donné. Le souffle de Grímr était si brûlant qu'il pensa qu'il allait se consumer malgré le manteau de Véfreyja et l'armure. Grímr lui extirpait la chair de ses os, là où il mettait la main ; Hrólfr estimait ne s'être jamais trouvé soumis à plus grande épreuve. Il voyait qu'il allait périr d'épuisement si lui et Grímr en décousaient plus longtemps. Ils pressaient si fortement du pied sur le sol que l'herbe et la tourbe se détachaient là où ils passaient. Il vit Möndull qui arrivait en courant. Le nain saisit une épée qui se trouvait par terre et frappa des deux mains le pied de Grímr, mais l'arme ne mordit pas plus que si elle frappait de la pierre. Möndull retourna en courant au champ de bataille et trouva l'épée de Hreggviðr. Il passa de sa salive sur le fil et traîna l'épée jusqu'à l'endroit où ils luttaient, car il ne pouvait la porter ni la brandir en raison de son poids. Il parvint à traîner l'épée jusque derrière le mollet de Grímr de sorte qu'il mit en pièces les tendons. Alors, Grímr tomba.

Le nain dit : « Tiens-le, Hrólfr, qu'il ne se libère pas ! »

Grímr se démena ferme et tenta de s'enfoncer en terre, mais Hrólfr le maintint de toutes ses forces. Alors, il dit : « Grande chance t'accompagne, Hrólfr, et tu seras renommé pour mon meurtre et les hauts faits que tu as accomplis en Garðaríki. On érigera un tertre pour moi et on le placera tout près de la mer, et mort sera assurée à tous ceux qui accosteront là. Je t'ai tendu maint piège pour te faire mourir parce que j'ai eu longtemps le pressentiment de ce qui se produit à présent. Je t'ai envoyé Vilhjálmr pour te trahir mais une vie plus longue t'était destinée[80]. Tu ne m'aurais pas défait si ce nain de malheur n'était pas intervenu. »

Möndull se leva d'un bond et enfonça un gros bâton dans la bouche de Grímr, qu'il tint ferme. Möndull dit alors : « Si Grímr avait pu parler plus longtemps, il t'aurait jeté un tel sort, à toi et à d'autres, que tu aurais pourri pour ne plus devenir que poussière : tu vas le tuer promptement et lui transpercer la poitrine de ton épée, mais ne le démembre pas, car tout ce qui sera retranché de lui deviendra serpents venimeux. Que personne ne tombe sous son regard non plus tandis qu'il meurt, qui s'y exposerait mourrait. »

Hrólfr prit donc l'épée qui venait de Hreggviðr et l'enfonça dans la poitrine de Grímr de telle façon qu'elle ressortit dans le dos, et le nain prit un bouclier et le plaça devant sa face. Et tout invraisemblable que cela puisse paraître, on dit qu'il fondit comme neige dans le feu et fut réduit en pure poussière. Grímr laissa la vie dans une effroyable agonie et des gesticulations brutales, mais Hrólfr s'étendit sur lui jusqu'à ce qu'il fut mort. Hrólfr fut sur le point de défaillir pour avoir ainsi étreint Grímr Ægir.

L'homme masqué de grande taille revint sur le champ de bataille quand il eut passé un petit moment à pourchasser les fuyards. Il arriva à l'endroit où gisaient Stefnir et Brynjólfr, comme on l'a dit précédemment. Il voulut rendre service à Stefnir

80. On notera une fois encore à quel point ce texte, outre ses affabulations fantaisistes et ses personnages fabriqués, baigne littéralement dans une atmosphère fatidique : le destin y est constamment invoqué.

en défaisant la main de Brynjólfr, mais il ne put parvenir à rien avant de lui avoir brisé tous les doigts. Ils rossèrent ensuite Brynjólfr avec des gourdins jusqu'à ce qu'il fut mort. Stefnir était tellement roidi sous l'effet de l'étreinte de l'autre que c'était à peine s'il pouvait marcher.

Donc, cette grande bataille prit fin, il y avait eu une telle hécatombe qu'à peine si on avait jamais entendu parler de pareille chose, les morts gisaient par toute la plaine en couches si épaisses que l'on ne pouvait marcher sur le sol à cause de tous ces cadavres. La majorité étaient tombés, toutefois, dans les rangs du roi Eirekr. Hrólfr et Stefnir avaient perdu toute leur armée en dehors de huit cents hommes qui survivaient, mais la plupart étaient blessés. Ne manquaient pas les armes ni les objets de grand prix qu'avaient possédés les morts. Hrólfr et Stefnir allèrent à leur campement, le nain Möndull pansa les blessures des hommes et tous louèrent son habileté et son énergie. Möndull dit que si Grímr l'avait attrapé quand il avait plongé en terre, ç'aurait été sa mort. « J'ai joui du fait, dit-il, que j'avais plus d'amis que lui ici. »

L'homme masqué se rendit à ses bateaux le soir avec sa troupe, et ils installèrent leur campement. De part et d'autre, on alla dormir, la plupart pensant qu'il en était grand temps. La troupe qui avait réchappé et qui avait suivi le roi Eirekr s'enfuit jusqu'à la ville et y resta.

34. De la conduite de Hrólfr

La nuit, tandis que les hommes étaient endormis, Hrólfr et Stefnir allèrent au campement des gens des bateaux : ils dormaient tous en armure. Hrólfr prit alors le couteau et la ceinture que Hreggviðr lui avait donnés, il les attacha au manche de la lance de l'homme masqué et dit : « Ces objets, je les donne au chef de cette troupe et de plus, je le remercie de son aide vaillante et de son assistance. Je m'estime tenu de lui faire tout le bien que je peux lui accorder et qu'il voudra bien accepter. »

Personne ne répondit. Ils allèrent à leur campement et dormirent.

Le matin de bonne heure, Hrólfr alla à la ville avec sa troupe. Y vint également l'homme masqué avec ses hommes. Hrólfr convoqua les gens de la ville et leur offrit de leur faire trêve s'ils voulaient se rendre. Ce fut le parti qu'ils prirent. Hrólfr et les siens entrèrent dans la ville avec toutes leurs troupes et tinrent une réunion au cours de laquelle Hrólfr dit qu'ils étaient venus de la part de la princesse Ingigerðr pour reconquérir son royaume sur ses ennemis, et qu'elle était en Danemark saine et sauve et en bonnes mains. Les gens du pays se réjouirent fort de ces nouvelles et estimèrent vouloir la servir.

Hrólfr et ses hommes allèrent à la halle et s'assirent pour boire par grande liesse. L'inconnu enleva alors son masque. Hrólfr et Stefnir reconnurent Hrafn qui était précédemment en Jutland et à qui Hrólfr avait donné des habits. Il leur dit les nouvelles qui s'étaient produites au Danemark, la mort du jarl Þorgnýr et que lui-même avait été présent. Hrólfr et Stefnir restèrent silencieux à cette nouvelle, ils le remercièrent beaucoup de son assistance.

Hrafn dit avoir craint d'être en retard la veille – « Vous méritiez grand bien de ma part pour m'avoir donné la vie et ces habits il y a longtemps ; quant à Krákr, mon frère, il est tombé hier devant Grímr Ægir, c'est pour moi la plus grande perte, bien qu'il me faille la supporter. »

Ils cessèrent cette conversation. Ils passèrent là la nuit dans une grande liesse.

Le matin suivant, Hrólfr et les siens firent nettoyer le champ de bataille et répartirent le butin de guerre entre leurs hommes. On érigea là trois tertres de très grande taille. Hrólfr plaça Sturlaugr, son père, dans l'un, ainsi que Krákr, le frère de Hrafn et tous les plus braves champions qui étaient tombés dans leurs rangs. On déposa dans ce tertre de l'or et de l'argent et de bonnes armes, et on l'aménagea fort bien. Dans le deuxième tertre, on plaça le roi Eirekr, Brynjólfr et Þórdr et leurs partisans. Dans le troisième on mit Grímr Ægir tout près de la mer, à l'endroit où l'on pouvait s'attendre le moins que surviennent des bateaux. Pour le tout-venant, il fut inhumé là où il était tombé.

Hrólfr institua des hommes pour gouverner tout le royaume, jusqu'à ce que la princesse arrive ; pour le nain, il prit congé de Hrólfr qui le remercia de son aide et lui donna les choses qu'il voulait. Gyða, la sœur du roi Eirekr, disparut de Garðaríki, certains supposent que Möndull l'aurait emmenée avec lui.

Après cela, Hrólfr et les siens se préparèrent à se rendre chez eux, ils quittèrent le Garðaríki et ne s'arrêtèrent pas qu'ils ne soient arrivés au Danemark à Áróss[81]. Cette ville, le jarl Þorgnýr l'avait fortifiée d'importance. Björn vint au-devant d'eux avec grande joie ainsi que toute la population. Les jeunes pucelles se réjouirent de leur retour. Ingigerðr le

81. Ce doit être l'actuelle Aarhus, une cité dont l'antiquité est avérée.

remercia de leurs succès. Björn avait gardé les jeunes filles dans un souterrain après la mort du jarl.

Ingigerðr dit alors résolument qu'elle ne voulait épouser personne d'autre que Hrólfr Sturlaugsson, car c'était lui qui avait fait plus que quiconque pour venger son père – « Il a perdu son père et ses frères et ses autres amis et parents, et il s'est mis lui-même dans le plus grand péril. »

Personne ne fit d'objections. Björn leur fit un honorable banquet et ils célébrèrent les funérailles du jarl Þorgnýr.

35. Le récit de Hrafn

Un jour, lors de ce banquet, Hrafn se leva, demanda le silence et dit : « Je veux vous remercier, Hrólfr et Stefnir, de l'honneur et des bienfaits que vous m'avez faits tant maintenant que précédemment lorsque j'étais ici. Je veux à présent vous faire connaître mon nom et ma famille : il y avait un roi qui s'appelait Jatgeirr et qui gouvernait un État en Angleterre, il avait sa résidence dans la ville qui s'appelle Vincestr[82]. Il avait deux fils et une fille. L'aîné de ses fils s'appelait Haraldr et le second, Sigurðr. Sa fille s'appelait Álfhildr. Je suis ce même Haraldr mais Sigurðr, mon frère, mourut en Garðaríki comme vous le savez, et notre mère était originaire d'ici au Danemark. Lorsque j'avais quinze ans et mon frère treize, mon père fut trahi par l'un de ses parents qui s'appelait Heinrekr, un grand champion, et sans

82. Le lecteur a pu identifier au passage le roi Edgar, et la ville de Winchester.

scrupules. Il se fit ensuite prendre pour roi et administra le royaume ; pour nous, les frères, nous nous échappâmes à grand-peine et parvînmes à faire garder Álfhildr dans la ville qui s'appelle Brandifurða [83]. C'est là qu'elle est depuis et nous, les frères, sommes allés en nous cachant par divers pays en nous donnant les noms de Krákr et Hrafn. Nous avons obtenu cette troupe et ces bateaux auprès de divers chefs avec l'appui de nos parents. Heinrekr a obtenu grandes forces d'Écosse parce qu'il a épousé une fille du jarl Melans de Móráð et c'est un grand ami du roi suzerain qui s'appelle Dungall. C'est d'après lui que s'appelle Dungalsbær, car c'est lui qui a fait construire cette cité [84]. Je veux vous demander, Hrólfr et Stefnir, de me prêter assistance et secours pour que je puisse venger mon père et recouvrer mon patrimoine. »

Hrólfr dit : « Je t'accorderai toute la force et l'assistance que je pourrai et nous ne nous quitterons pas que tu n'aies recouvré ton royaume et vengé tes torts, sinon, j'y laisserai la vie. »

Stefnir dit la même chose. Haraldr les remercia de leurs propos et de leur bonne volonté.

Aussitôt après le banquet, ils se préparèrent à cette expédition et choisirent les hommes les plus braves qui puissent se trouver. Ils laissèrent Björn le Conseiller pour garder le pays avec plusieurs autres notables et avant de partir, Haraldr fit sa demande en mariage et sollicita Þóra, la sœur de Stefnir. Hrólfr plaida cette cause ainsi que plusieurs

83. Brentford.

84. Móráð est Muray ; Dungall, Duncan ; Dungalsbær, Duncansby. Il n'est pas inintéressant que cette saga hautement légendaire soit raccordée ainsi, *in fine*, à des personnages et lieux historiques. C'est l'usage dans ce type de sagas.

autres dignitaires. Il se fit que Haraldr obtint cette femme et elle devait rester fiancée jusqu'à ce qu'ils reviennent. Ensuite, ils cinglèrent depuis le Jutland et avaient trente bateaux, tous bien équipés. Ils se rendirent tout d'une traite vers l'ouest en Angleterre, près d'une île qui s'appelle Lindisey. Là, ils mouillèrent et y restèrent quelques jours en attendant un vent favorable, parce qu'ils ne voulaient pas faire de ravages en ce lieu.

36. La bataille d'Ásatún [85]

On dit que chez le roi Heinrekr, il y avait un homme qui s'appelait Annis. Il était d'un grand âge, mais il savait l'ancien et le nouveau en fait de méchanceté et de magie. Il avait élevé le roi Heinrekr et était toujours son conseiller. Un mois plus tôt, Annis avait dit au roi que Haraldr et Hrólfr viendraient avec une grande troupe, et ce qu'ils avaient l'intention de faire.

Annis dit que Hrólfr et Stefnir étaient de grands champions et que maintenant, il était nécessaire de prendre un parti – « Mon avis est d'envoyer en Écosse un message au jarl Melans, ton beau-père, et qu'il vienne te porter renfort. Tu vas également envoyer dire au roi Dungall qu'il t'expédie des troupes et dès que Hrólfr accostera, tu enverras un homme délimiter le champ de bataille [86] et les pro-

85. Ásatún est Ashington. Le nom norois signifie « pré-clos (peut-être : « pré sacré ») des Ases » (qui sont les principaux dieux de cette mythologie).

86. Le texte a ici l'expression *hasla völl*, littéralement : « délimiter le champ avec des rameaux de coudrier ». Cette coutume est bien

voquer au combat. Ils ne peuvent pas ravager, selon les justes lois des vikings. Le lieu de la bataille sera placé à Ásatún, au nord des forêts de Kana. Là, le terrain est le plus difficile et la déroute y est la plus malaisée, mais dans la forêt, tu laisseras la moitié de notre troupe pour qu'ils attaquent par-derrière et les prennent par surprise. Nous les encerclerons alors et ne laisserons personne en réchapper vivant. »

Le roi trouva que c'était un bon parti et il fit procéder comme le prescrivait Annis. Le jarl Melans vint d'Écosse avec une grande troupe. C'était une belle armée, aussi, que le roi Dungall avait envoyée au roi Heinrekr. Étaient à sa tête deux berserkir. L'un s'appelait Ámon et l'autre, Hjalmarr. C'étaient des hommes importants pour la force et la rudesse. Heinrekr avait maintenant une armée imposante. Ses messagers arrivèrent en Lindisey et dirent à Hrólfr et aux siens que le champ de bataille était délimité et que le combat était préparé à Ásatún. Certains trouvaient malavisé de se rendre avec une armée si petite sur le continent, tant il y avait de monde en face. Ils se dirigèrent vers l'endroit qui s'appelle Skorsteinn, y laissèrent leurs bateaux et se mirent en devoir de débarquer, allant tout d'une traite à Ásatún. Le roi Heinrekr s'y trouvait ainsi que le jarl Melans avec une armée indomptable, et dans la forêt, il y avait Ámon et Hjalmarr avec une grande troupe, Hrólfr et les siens ne le sachant pas.

On se disposa en ordre de bataille : le roi Heinrekr déploya son armée sur trois colonnes. Lui-même était dans la colonne du milieu, le jarl Melans dans

attestée, en effet, le noisetier ayant joui d'un prestige certain en vertu des pouvoirs magiques qu'on lui conférait.

la seconde. Dans la troisième était le comte qui s'appelait Engilbert et qui était un très grand champion. Était avec lui un homme qui s'appelait Rauðam et qui était à la fois grand, fort et très brave. Les étendards furent portés devant eux tous. Annis n'était pas dans la bataille. Haraldr voulut disposer ses troupes en face du roi Heinrekr, Stefnir en face du jarl Melans. Hrólfr se disposa en face de Rauðam et d'Engilbert.

Après cela, on souffla dans les luðr, de part et d'autre on se précipita à l'attaque en criant et en s'excitant. Il y eut d'abord une averse de projectiles, puis un très rude corps à corps et les deux camps progressèrent bien. Les Écossais et les Anglais étaient d'abord très véhéments, mais les Danois résistèrent bien et vivement. Engilbert et Rauðam affrontèrent Hrólfr dès le début de la bataille, ils l'attaquèrent tous les deux en même temps mais il se défendit bien et vaillamment. Il portait son armure et, par-dessus, le manteau qui lui venait de Véfreyja. Ils étaient tous les deux agiles et forts, Rauðam et Engilbert, Hrólfr ne parvenait jamais à les toucher bien qu'il pourfendît toutes leurs protections. Il était fort épuisé mais les armes n'avaient pas prise sur lui en raison de ses protections. Il était excessivement en colère. Il fit alors ceci : il jeta son épée, se précipita sur le comte Engilbert avec un tel emportement qu'il le souleva au-dessus de sa tête et le jeta au sol, tête en bas, de sorte que sa clavicule vola en éclats.

Sur ce, Rauðam frappa des deux mains le dos de Hrólfr, si bien que l'épée se brisa à hauteur de la garde. Il voulut saisir l'épée de Hreggviðr. Hrólfr bondit sur lui et lui fit sentir la différence de forces, le contraignant à se mettre sous lui et lui posant le genou sur la poitrine, si rudement que les côtes s'enfoncèrent. Rauðam et Engilbert y laissèrent la vie, on estimait qu'ils avaient été des hommes de très grande vaillance.

Hrólfr prit l'épée de Hreggviðr et frappa des deux mains. Les Écossais le trouvèrent fort ardent et préférèrent battre en retraite. Hrólfr ne dédaigna pas les poursuivre et tua tous ceux qui se trouvaient devant lui. Les Danois s'aperçurent bientôt que leurs armes n'avaient pas prise sur les autres, quelque persévérance qu'ils déploient – autant se battre avec des bâtons, bien que l'épée de Hreggviðr mordait comme si elle s'enfonçait dans de l'eau. Autant que l'on sache, Grímr Ægir avait été le seul à émousser cette épée. Il tomba plus de Danois que d'Anglais.

Là-dessus, ils entendirent souffler dans les luðr et pousser des cris de guerre. Les berserkir sortirent en courant de la forêt avec une grande armée et prirent Hrólfr et les siens à revers. Ils firent une rude attaque. Les Danois se mirent à tomber en grand nombre. Hrólfr ordonna à ses hommes de faire volte-face et de se battre des deux côtés. Il se porta avec son étendard contre les berserkir. La bataille se fit très rude. Stefnir fit assaut d'armes contre le jarl Melans, ce fut un rude affrontement, car le jarl était un grand champion et l'épée de Stefnir ne mordait pas. Ámon et Hjalmarr se portèrent contre Hrólfr. Ils lui assénèrent des coups tous les deux mais il se protégea de son bouclier et se comporta vaillamment. Hrólfr fit un mouvement circulaire de son épée contre Hjalmarr, le coup arriva dans la cuisse en dessous de la hanche, tranchant la jambe, et il mourut au bout de peu de temps.

Annis s'avança alors. Il tenait devant soi un bouclier grand comme une porte, et une petite sax dans l'autre main. Il enfonça sa sax dans le ventre du porte-étendard de Hrólfr, le transperçant aussitôt. L'étendard tomba à terre. Maintenant qu'Annis était intervenu, les armes des Danois mordaient de nouveau. Chacun fit de son mieux. Maint homme tomba de part et d'autre, quoique davantage parmi les Danois.

Hrólfr voulut venger son porte-étendard et assena un coup à Annis. Ce horion arriva au milieu du bouclier et le fendit jusqu'à la poignée. Mais l'épée resta fichée dans le bouclier et Annis le tenait si fortement que le bouclier ne bougea pas, et Hrólfr voulut lâcher son épée. Il n'en fut pas question, car ses deux mains étaient fixées à la poignée.

Annis ordonna alors aux Écossais de faire faire pénitence à Hrólfr, « parce que maintenant, le loup est pris au piège ».

C'est ce qu'ils firent : ils firent foule autour de Hrólfr. D'autres le rossaient ou le molestaient. Il était à la fois lapidé, couvert de horions et rossé à coups de gourdins. Il grimaçait sans retenue et faisait rage alentour en donnant des coups de pied. Pourtant, il ne se libéra pas.

Il faut parler maintenant de Stefnir : il se battit contre le jarl Melans. Son épée se mit à mordre. Il frappa le jarl de toutes ses forces sur le heaume. Ce fut un si grand coup qu'il fendit le heaume et la tête et le tronc couvert de la broigne, de sorte que l'épée s'arrêta dans le sol. Ils avaient combattu longtemps.

Stefnir s'étonna alors de ne pas voir l'étendard de Hrólfr non plus que lui-même. Il se mit à sa recherche jusqu'à ce qu'il voie dans quel état il se trouvait : les ennemis cherchaient à lui trancher les deux pieds. Il se hâta d'aller lui porter secours, arriva sur Annis à l'improviste, lui déchargea un coup d'épée sur le rebord du heaume qu'il mit en pièces de même que tout le visage ainsi que les deux bras à hauteur des coudes. Cela fit chanceler Annis. Du coup, Hrólfr se trouva libre et il ne fit pas bon se trouver devant lui. Il se tourna contre Ámon et le frappa des deux mains. L'épée arriva dans le bouclier et le mit en pièces, mais la pointe de l'épée déchira la poitrine et le ventre de sorte que les entrailles sortirent et Ámon tomba, mort, à terre. Hrólfr était dans un tel courroux qu'il n'épargnait personne. Il frappait véhémentement, aussi fréquemment que ses mains parvenaient à brandir l'épée, et trois ou quatre hommes tombaient sous chacun de ses coups. La meilleure comparaison à faire quant à cette hécatombe serait de renvoyer à la façon de débiter le combustible lorsque l'on fait du charbon de bois. Stefnir faisait de même. Bientôt, les Anglais tombèrent par centaines.

Le roi Heinrekr et Haraldr s'étaient rencontrés au début de la bataille et avaient combattu toute la journée. Ils étaient tous les deux blessés et épuisés, bien que Haraldr le fût davantage. Hrólfr vit alors leurs démêlés. Il avait déjà traversé quatre fois, aller et retour, les rangs du roi Heinrekr. Il se porta contre le roi et le frappa dans le dos si bien qu'il tomba au sol, mort, en deux morceaux.

Lorsque les Écossais et les Anglais virent que leur roi était tombé, chacun s'enfuit en prenant ses jambes à son cou, mais les autres pourchassèrent les hommes en déroute et tuèrent quiconque ils atteignaient et ne demandait pas quartier. Hrólfr les chassa loin. Aucun de ceux qu'il atteignait de son épée n'avait besoin de demander miséricorde ; il abattit une grande quantité d'hommes en déroute. Les Danois firent demi-tour et dépouillèrent les cadavres, faisant là un grand butin. Annis fut fait prisonnier dans la bataille et Hrólfr le fit écarteler, et sa vie s'acheva ainsi. Hrólfr était fort blessé, tant aux mains qu'aux pieds, il avait des hématomes au ventre et était tout tuméfié en raison des grands coups, bien qu'il ne portât pas d'entailles.

Haraldr et les autres allèrent à la ville de Vincestr, qui se rendit. Tout le peuple se soumit joyeusement à Haraldr. Il fut pris pour roi de tout ce royaume, qui avait appartenu à son père. Il remercia Hrólfr et Stefnir, comme il seyait, de leur assistance et de leur courage. Les Écossais qui en réchappèrent allèrent trouver Dungall et lui dirent leur défaite et leurs pertes, et que Hrólfr ressemblait plus à un tröll qu'à un homme pour la force et la taille. Les pertes qu'il avait souffertes déplurent très fort à Dungall mais il lui fallut bien prendre les choses telles qu'elles étaient.

37. Des noces et de la géographie

Hrólfr et Stefnir passèrent tranquillement chez Haraldr ce qui restait de l'hiver. Haraldr envoya chercher Álfhildr, sa sœur, à Brandfurðaborg, elle vint avec une belle escorte et une honorable suite. Haraldr se réjouit de revoir sa sœur, et réciproquement. C'était une fort belle jouvencelle, hautement accomplie comme il sied à une enfant de roi. Stefnir se prit bientôt d'amour pour elle et se mit à l'entretenir, elle lui paraissait à la fois sage et courtoise. Il présenta alors sa demande en mariage, elle fit bonne réponse tout en renvoyant l'affaire à son frère. Il fut facile d'obtenir cela de Haraldr, car Stefnir était bien connu de lui pour sa vaillance et sa grande bravoure. Il se fit que Stefnir se fiança Álfhildr et Haraldr lui versa son douaire en or et objets de grand prix[87].

Lorsque vint le printemps, tout le monde se prépara à retourner au Danemark, chargeant les bateaux de vivres, d'hydromel et de vin, et d'habits précieux ainsi que de toutes les marchandises qui étaient les plus coûteuses au Danemark. Álfhildr les accompagna. Tout le peuple de Jutland se réjouit de leur retour. Les jouvencelles leur firent bel accueil ainsi que Björn le Conseiller. Álfhildr alla chez Ingigerðr et Þóra, il y eut grande liesse entre eux tous ensemble.

Ils firent débarrasser leurs bateaux et préparer un magnifique banquet avec toutes les meilleures provisions que l'on pouvait trouver au Danemark ou dans les pays voisins. Nulle chose ne fut épargnée quant aux salles, aux meubles et tout ce que l'on pouvait trouver dans les pays du Nord. Furent invités à ce banquet bourgeois et hommes de la hirð, comtes et jarls, ducs et rois et tous autres hommes d'importance. La plupart des hommes de distinction qui étaient au Danemark furent à ce banquet. Une fois tous rassemblés et arrivés, on

87. Le texte fait ici une étrange erreur. Lorsqu'elle se mariait, une femme apportait une dot, chose que nous connaissons fort bien. Mais en même temps, le mari devait fournir un douaire ou *mundr* qui devenait la propriété inaliénable de la mariée. On ne voit donc pas pourquoi ce serait le frère de la mariée qui verserait le douaire dû par le fiancé, Stefnir en l'occurrence.

plaça les gens, de courtois écuyers et de galants gentilshommes firent le service. On servit toutes sortes de plats épicés des plus précieuses herbes, toutes espèces de gibier et d'oiseaux, du renne et du cerf et de splendides sangliers, des oies et des ptarmigans[88], avec des paons poivrés. La plus précieuse boisson ne manquait pas, bière et hydromel anglais avec les meilleurs vins, du vin épicé et du clairet. Une fois les noces et le banquet commencés, on put entendre toutes sortes d'instruments à cordes, des harpes et des chalumeaux et du psaltérion. On battait du tambour, on soufflait dans des flûtes, avec toutes sortes de jeux délicieux dont le corps pût se réjouir. Après cela, les jeunes dames furent introduites avec leur escorte magnifique et leur suite de plaisantes femmes. Deux hommes conduisaient chacune de celles que les fiancés devaient épouser. Au-dessus d'elles, porté par des bâtons peints, un dais qui devait offusquer leur vêtement brillant et leur élégance, jusqu'à ce qu'elles furent arrivées à leur siège. Le dais fut ensuite emporté. Alors, il n'y eut couleur qui pût rivaliser avec leur teint, leur épiderme, leur chevelure brillante et la splendeur de l'or et des pierreries. À tous, Álfhildr et Þóra parurent pâles auprès d'Ingigerðr. Le banquet fut des plus magnifiques et lors de cette fête, Hrólfr épousa Ingigerðr, Stefnir, Álfhildr et Haraldr, Þóra. Ces festivités durèrent sept nuits sans interruption, l'arrangement étant tel que nous l'avons dit, avec honneur et magnificence. Pour finir, les mariés firent d'excellents présents à tous les hommes de distinction, les remerciant de leur venue et chacun retourna chez soi, louant la

88. Perdrix blanche des montagnes fréquente dans le Nord.

magnanimité de ses hôtes, tous les ayant quittés dans la plus grande amitié. Il y eut chez chaque couple grand amour.

Le roi Haraldr ne fut pas longtemps au Danemark, il se prépara à rentrer chez lui en Angleterre. Il quitta Stefnir, son beau-frère, et Hrólfr, avec amitié, puis il se rendit dans ses États. La reine Þóra était avec lui et ils s'installèrent paisiblement. Ils eurent des enfants bien qu'on ne les nomme pas.

On dit que l'Angleterre est le plus productif des pays de l'Occident parce que c'est là que l'on fond tout métal, qu'y poussent le froment et la vigne et que l'on peut y avoir toutes sortes de céréales. On y fabrique aussi des tissus et on tisse des textiles de tous genres, plus que dans d'autres lieux. La ville principale est Lundúnaborg ainsi que Kantaraborg. Il y a Skarðaborg et Helsingjaborg, Vincestr et beaucoup d'autres lieux et villes qui ne sont pas nommés ici [89].

On donna le titre de jarl de tout le Jutland à Stefnir, il siégeait d'ordinaire à Rípa. Le Danemark est très éparpillé, le Jutland forme la plus grande partie du royaume. Il se trouve au sud de l'océan.

89. On peut s'interroger, bien entendu, sur les raisons qui poussent l'auteur du présent chapitre à faire étalage de sa « science » géographique. C'est le lieu de rappeler que la très grande majorité des auteurs de sagas étaient des clercs et qu'ils cédaient volontiers – nous en avons bien d'autres exemples et pas seulement dans les sagas légendaires – à la tentation de faire étalage de leur savoir. On n'aura nulle peine à réfuter bon nombre des affirmations qui figurent ci-dessus. En même temps, il est clair que les vikings, qui fréquentaient avant tout la Grande-Bretagne, y faisaient le commerce des produits mentionnés ici – même si notre saga est plus jeune de plusieurs siècles que le dernier des vikings ! Lundunaborg est, bien entendu, Londres, Kantaraborg, Canterbury, Skarðaborg, Scarborough, Helsingjaborg, Hastings.

La côte ouest du Jutland est appelée le Vandilsskagi et va vers le sud jusqu'à Rípa. En Jutland, il y a beaucoup de villes principales, la plus au sud est Heidabær, la seconde, Rípa, la troisième, Áróss, la quatrième, Vébjörg : c'est là que les Danois choisissent leur roi[90]. Le Limafjörðr se trouve en Jutland. Il s'étend du nord au sud, avec, à l'intérieur du fjord, Haraldseið, vers l'ouest jusqu'à l'océan[91]. C'est là que le roi Haraldr Sigurðarson fit traverser ses bateaux lorsqu'il voulut échapper à la guerre contre le roi Sveinn[92]. À l'ouest du Limafjörðr se trouve le Vandilsskagi. Il s'incurve vers le nord. La ville principale y est Jörungr[93]. Entre le Jutland et la Fionie s'insinue l'Álfasund[94]. En Fionie la ville principale est Óðinsey[95]. Entre la Fionie et la Sélande

90. Les anciens Scandinaves n'ont guère connu de vraies dynasties royales. Ils choisissaient leurs rois à l'intérieur de certaines grandes familles. Nous ne savons ni sur quels critères ces élections étaient faites, ni pour quelles raisons certains dignitaires, et non d'autres, avaient la prérogative de ces choix.
91. Rípa est Ribe, Vandilsskagi est l'actuel Skagen, Heidabær est Hedeby, nous avons déjà rencontré Áróss (Aarhus), Vébjörg est Viborg. Haraldsseid est l'isthme de Haraldr, comme il est expliqué quelques lignes plus bas.
92. Le célèbre roi norvégien Haraldr Sigurðarson, dit Haraldr l'Impitoyable (il a sa propre saga qui figure dans la *Heimskringla* de Snorri Sturluson ; pour sa traduction, voir la *Saga de Harald l'Impitoyable*, Paris Payot poche, 1979). Il est exact qu'il eut maille à partir avec le roi danois Sveinn dit à la Barbe fourchue *(tjuguskegg)* et qu'il dut s'échapper, comme le dit notre texte, par l'« isthme de Haraldr ».
93. Aujourd'hui Jellinge, qui fut un haut lieu de l'histoire danoise et où se trouve la magnifique pierre historiée et runique qui chante les louanges du roi convertisseur du Danemark, Haraldr Gormsson, « qui fit des Danois et des Norvégiens des chrétiens ».
94. La Fionie (Fyn) est l'île qui se trouve au sud de l'île de Zélande dont on va parler et où se trouve Copenhague. Álfasund est notre Grand Belt. L'Eyrarsund est le Sund pour nous, tout comme le Beltissund est notre Petit Belt.
95. L'actuelle Odense.

passe le Beltissund. En Sélande, la ville principale est Roiskelda[96]. Au nord de la Sélande s'insinue l'Eyrarsund et au nord de là, la Scanie. Là, la ville principale est Lundum. Entre le Jutland et la Scanie, il y a beaucoup de grandes îles. Soit : Sámsey, Álsey, Láland, Langalad[97]. Borgundarhólmr est à l'est dans la mer. À cette époque-là, c'étaient les Skjöldungar qui avaient ce royaume, pourtant, d'autres rois et jarls avaient des royaumes non moindres qu'eux au Danemark, bien que les Skjöldungar aient plus de dignité en raison de leur nom et de leur lignage[98].

38. Gouvernement de Hrólfr et fin de la saga

On dit ici que le jarl Stefnir ne vécut pas longtemps et qu'il n'eut pas de descendants qui vécurent au-delà de l'enfance. Hrólfr et Stefnir se quittèrent en grande amitié et maintinrent leur camaraderie tant qu'ils vécurent tous les deux. On ne mentionne pas que Hrólfr revint en Hringaríki ensuite. Mais l'on dit que l'été où Haraldr s'en fut à l'ouest en

96. Actuelle Roskilde. La Scanie est la province la plus méridionale de la Suède, elle fut très longtemps danoise. Lundum est aujourd'hui Lund.
97. Lire Samsö, Anholt, Laaland et Langaland. En revanche, Borgundarholmr, qui est « l'îlot des Burgondes », est l'actuel Bornholm.
98. Les Skjöldungar sont un lignage hautement légendaire qui a dû jouir d'un prestige important. Ce sont sans doute les rois les plus anciens du Danemark. La *Skjöldunga saga*, aujourd'hui perdue, a donné lieu à un résumé en latin fait au XVIIe siècle par un érudit islandais ; elle existait du temps de Snorri Sturluson (1225), qui nous en parle dans ses œuvres et elle a été connue des auteurs – anonymes – de la *Saga* (légendaire, elle aussi) *de Hrólfr kraki* et de *Beowulf*, sans parler des *Gesta Danorum* de Saxo Grammaticus (vers 1200).

Angleterre, Hrólfr fit voile hors du Danemark pour aller à l'est à Hólmgarðr avec dix bateaux, et qu'Ingigerðr l'accompagna. Hrólfr fut alors pris pour roi de tout le Garðaríki sur le conseil de la princesse et des autres hommes d'importance. Un tiers du Garðaríki est appelé Kænugarðr[99]. Cela se trouve le long de la chaîne de montagnes qui sépare Jötunheimr du royaume de Holmgarðr. Il y a là aussi l'Ermland et plusieurs autres petits royaumes. Hrólfr gouverna donc son royaume avec grand honneur. Il était à la fois sage et gouvernant capable. Aucun chef n'osait l'attaquer en raison de son renom et de sa vaillance. Hrólfr et Ingigerðr s'aimaient beaucoup, ils eurent de nombreux enfants. Ils eurent un fils appelé Hreggviðr qui fut un homme fort important. Il se rendit en expédition guerrière sur la Route de l'Est[100] et ne revint pas. Les savants racontent qu'un autre fils de Hrólfr fut le roi Óláfr de Danemark contre lequel Helgi le Renommé se battit, mais Hrómundr Gripsson assista Óláfr, comme il est dit dans sa saga[101], et tua Helgi, et Dagny et Dagbjört qui étaient filles de Hrólfr soignèrent Hrómundr. Mais il n'est

99. Kænugardr est Kiev, Holmgarðr étant Novgorod.

100. On faisait la distinction entre la Route de l'Ouest, qui menait les vikings sur les côtes françaises ou en Grande-Bretagne, Islande, etc., et la Route de l'Est, qui allait à Constantinople en passant par les fleuves russes.

101. Il a certainement existé une saga, sans doute du type légendaire comme celle que nous lisons ici, consacrée à ce Hrómundr Gripsson. Il est question de ce personnage, en tout cas, dans une saga dite de contemporains, la *Saga de Þorgils et de Haflidi*, dans la compilation intitulée *Saga des Sturlungar*. On y évoque un fameux banquet de noces qui eut lieu à Reykjaholar, dans l'Ouest de l'Islande, en 1119 et au cours duquel un certain Hrólfr de Skalmarnes aurait déclamé ladite saga. Il existe aussi des *rimur*, dites *griplur*, un genre poétique en vogue à la fin du Moyen Âge, consacrées à Hrómundr.

pas écrit qu'elles aient été filles d'Ingigerðr, ou non. Le troisième fils de Hrólfr s'appelait Hörðr, père de Kari, père de Hörða-Knútr. On dit que Hrólfr devint un vieil homme mais on ne précise pas s'il mourut de vieillesse ou s'il périt par les armes.

Maintenant, s'il y a des désaccords entre cette saga et d'autres qui traitent le même sujet, sur les noms des gens et les événements, sur ce que les gens firent par renom ou savoir, magie ou traîtrise, ou bien sur ce que les chefs gouvernaient, il est très vraisemblable que ceux qui ont écrit là-dessus et composé sur ces événements doivent avoir eu quelque chose à perpétuer, soit d'anciens poèmes ou bien des récits de savants hommes. Il y a très peu, sinon aucun récit émanant de savants hommes dont on attesterait par écrit que les choses se sont passées comme elles sont dites, parce que la plupart ont été exagérées. Il est impossible aussi de prouver la vérité de chaque terme ou incident dans certains des épisodes parce que la plupart des événements évoqués en quelques endroits se sont produits plus tard que ce que l'on dit. Il vaut donc mieux ne pas blâmer ni traiter de mensonges les récits des savants hommes. Et les anciens poèmes et récits ont été avancés plus comme des divertissements que comme des vérités éternelles. Il y a d'ailleurs peu de choses qui soient tellement invraisemblables qu'elles ne soient contredites par des exemples contraires. Il est écrit aussi que Dieu a conféré aux païens une sagesse et un entendement des choses terrestres comparables à la bravoure, à la richesse et à la beauté des chrétiens.

Voici la fin de cette histoire sur Hrólfr Sturlaugsson et ses exploits. Merci à ceux qui ont écouté et qui s'en sont divertis, et bien de la tristesse à ceux qui s'en sont offusqués et ne s'en sont pas amusés. *Amen.*

Table des matières

Dans la même série

La Saga de Ragnarr loðbrók

Traduite de l'islandais ancien et présentée
par Jean Renaud

Ragnarr, le Viking dans toute sa gloire, sillonne les mers en quête d'exploits. Mais lorsqu'il s'élance à la conquête de l'Angleterre, il affronte un sort funeste : il est précipité dans une fosse aux serpents. Là, il déclame son chant funèbre, le *Chant de Kráka*, un somptueux poème scaldique.

Ses redoutables fils, Ívarr sans Os, Hvítserkr le vigoureux, Björn Flanc de Fer et Sigurðr Serpent dans l'Œil, viendront assouvir une horrible vengeance sur son meurtrier, le roi Ella d'Angleterre.

La Saga de Ragnarr loðbrók, ici accompagnée de la traduction du *Dit des Fils de Ragnarr* et du *Chant de Kráka*, est un chef-d'œuvre de la littérature scandinave ancienne. Elle hante l'Occident depuis des siècles ; aujourd'hui, la série *Vikings* lui est consacrée.

Paru en février 2017 - 160 pages - ISBN : 9791092011418

Eschyle

Les Perses

Traduit du grec, présenté et commenté
par Myrto Gondicas et Pierre Judet de La Combe

Dans le palais du roi de Perse arrivent les nouvelles désastreuses de la bataille navale de Salamine, où l'immense armée de l'Empire a été massacrée par les Grecs. Le retour du Grand Roi Xerxès sera celui d'un vaincu pathétique.

Avec *Les Perses*, Eschyle réalise un tour de force qui associe les fureurs de la guerre, l'accablement irrémédiable des survivants, l'effroi de ceux de l'arrière et l'angoisse qu'inspire aux vainqueurs le sort funeste des vaincus, liant les uns aux autres dans les entraves d'un destin partagé.

Cette nouvelle traduction commentée des *Perses* s'emploie à restituer toute l'épaisseur littéraire, politique et philosophique de la plus célèbre des tragédies d'Eschyle.

Paru en août 2018 - 160 pages - ISBN : 9791092011685

Eschyle

Les Sept contre Thèbes

Traduit du grec, présenté et commenté
par Pierre Judet de la Combe

Thèbes, cité mythique. Étéocle et Polynice, les fils d'Œdipe, ont été maudits par leur père. Aujourd'hui, Étéocle est roi, et son frère vient lui enlever le trône par la force. Il est accompagné de six autres guerriers, superbes et fulminants, chacun face à l'une des sept portes de la ville. Au terme du combat, la cité sera sauve, mais au prix d'un fratricide réciproque. L'apaisement, musical, viendra du chœur des jeunes thébaines.

Autour de cette « pièce de guerre » lestée d'une force suggestive inouïe, Pierre Judet de La Combe interroge toutes les opportunités interprétatives que soulève Eschyle dans cette tragédie trop méconnue, sur le politique, la guerre, le mythe et les rites, mais au-delà, sur la puissance vertigineuse du langage.

Paru en août 2022 - 320 pages - ISBN : 9791027904457

Achevé d'imprimer en octobre 2023
sur les presses de Novoprint

Dépôt légal novembre 2023

Imprimé en Espagne